Schriften
des
Vereins für Sozialpolitik.

Untersuchungen über Konsumvereine.
Herausgegeben von
C. J. Fuchs und R. Wilbrandt.

150. Band.

Die Konsumvereinsbewegung in den
einzelnen Ländern.

Fünfter Teil.

Die Konsumgenossenschaftsbewegung in Frankreich und in den
Vereinigten Staaten von Amerika. — Der Internationale Genossenschaftsbund. — Schlußwort.

Verlag von Duncker & Humblot.
München und Leipzig 1924.

Die Konsumgenossenschaftsbewegung in Frankreich und in den Vereinigten Staaten von Amerika.

Von **Charles Gide** (Paris)
und **James Peter Warbasse**.

Der Internationale Genossenschaftsbund.

Von **V. Totomianz** (Prag).

Mit einem Schlußwort
von
Robert Wilbrandt.

Verlag von Duncker & Humblot.
München und Leipzig 1924.

Alle Rechte vorbehalten.

Altenburg
Pierersche Hofbuchdruckerei
Stephan Geibel & Co.

Inhaltsübersicht.

	Seite
Charles Gide, Die Genossenschaftsbewegung in Frankreich	1
James Peter Warbasse, Die Genossenschaftsbewegung in den Vereinigten Staaten von Amerika	21
B. Totomianz, Der Internationale Genossenschaftsbund	33
R. Wilbrandt, Schlußwort	47

Die Genossenschaftsbewegung in Frankreich.

Von

Charles Gide (Paris).

Bekanntlich erhebt Frankreich — und mit gutem Recht — Anspruch darauf, das Geburtsland der Produktivgenossenschaften zu sein. Französische Autoren haben aber kürzlich denselben Anspruch erhoben in bezug auf die Konsumgenossenschaften, indem sie die schon fast vergessene Geschichte einer Konsumgenossenschaft, die in Lyon im Jahre 1835 gegründet wurde (neun Jahre vor den Pionieren von Rochdale), wieder ans Licht zogen — einer Genossenschaft, die schon die Verteilung von Rückvergütungen an die Käufer, je nach den Einkaufsmengen, eingeführt hatte (höchstens 25 %). Sie hatte als Aushängeschild über ihrem Verkaufsladen den sehr vielsagenden Namen gewählt: „Zum wahrhaften Handel". Das Eindringen der Wahrheit in den Handel — das wäre in der Tat keine unbedeutende Revolution!

Trotzdem behalten die Pioniere von Rochdale ihren ruhmreichen Vorrang, deswegen, weil sie Erfolg hatten — denn daran erkennt man die wahren Gründer —, während die Genossenschafter von Lyon ohne Erfolg blieben. Erst dreißig Jahre später, gegen 1866, fing die Konsumgenossenschaft an, sich in Frankreich auszubreiten, aber nicht auf Lyon, sondern auf Rochdale fußend. Man kann sogar sagen, daß diese Form von Genossenschaften ziemlich lange mehr als englische Importation, denn als speziell französisch angesehen wurde und aus diesem Grunde einem gewissen Gegengefühl begegnete. Dazu kam: der Mann, der 1885 die Initiative ergriff zur Zusammenfassung der damals noch zerstreuten Konsumgenossenschaften in einer „Union" nach Art der Union in England — dieser Mann, mein noch lebender Freund Mr. de Boyve, hatte eine englische Mutter und erfüllte sich ganz mit den englischen Lehren über Genossenschaftswesen.

Die Konsumgenossenschaft hat in Frankreich noch aus einem anderen Grunde unter einer gewissen Abneigung zu leiden gehabt: nämlich deshalb, weil sie als Begründer und Gönner fast durchweg nur Bürgerliche oder Intellektuelle hatte, so den ebengenannten Mr. de Boyve, Mr. Charles Robert, Direktor einer großen Feuerversicherungsgesellschaft, und mich selbst. Aus diesem Grunde war sie der Arbeiterklasse verdächtig, die glaubte, diese Organisation sei nur erfunden, um die Arbeiterklasse ihren wahren Zielen abwendig zu machen und sie von der sozialen Revolution abzulenken, indem man ihr als Köder eine Herabsetzung der Kosten des Lebensunterhaltes hinhielt. Es trat deshalb, kurz nach der Gründung der erwähnten Union, eine Spaltung ein; eine Gegenförderation, sozialistisch rot gefärbt, wurde gegründet. Diese trat gegen die erste „Union" auf, nannte sie verächtlich „bürgerlich", „neutral", ja sogar „gelb". Der innere Krieg dauerte fast siebzehn Jahre, von 1895—1912, bis endlich die Einheit in der Genossenschaftsbewegung wiederhergestellt werden konnte.

Aber kaum war die neue Organisation, „Fédération nationale des sociétés de consommation" genannt, geboren, als der Krieg ausbrach, und wir alle glaubten, daß das so mühsam wiederhergestellte Gebäude zusammenstürzen werde, um so mehr, als die meisten und blühendsten Vereine sich gerade in der von den Deutschen besetzten Zone befanden, also völlig abgetrennt von der „fédération". Diese war fast ohne Hilfsquellen.

Und nun trat das Gegenteil ein: durch einen völlig unerwarteten Umschwung hat der Krieg der Genossenschaftsbewegung in Frankreich einen solchen Impuls gegeben, daß sie während der fünf Kriegsjahre mehr an Boden gewonnen hat, als im Verlaufe der vorangegangenen zwanzig Jahre! Dies Paradoxon erklärt sich leicht aus folgenden zwei Ursachen:

1. die Preissteigerung, welche die Bevölkerung veranlaßte, eine Zuflucht bei den Genossenschaften zu suchen;

2. der Mangel an Lebensmitteln und die Schwierigkeiten ihrer Zufuhr, welche die Regierung dazu drängten, die Genossenschaften zur Mitarbeit bei der Beschaffung von Lebensmitteln, der Einrichtung von Kantinen in großen Kriegsfabriken, ja selbst bei der Verproviantierung der Frontarmeen und — mit Kriegsende — bei der Zufuhr von Lebensmitteln an die von der Invasion befreite Bevölkerung hinzuzuziehen.

Es ist dies übrigens eine allgemeine Erscheinung in allen europäischen Ländern, und wenn es in Frankreich mehr hervortrat, so einfach deshalb, weil die Genossenschaftsbewegung hier weiter zurück war und so der Sprung vorwärts relativ größer erscheint. Wir müssen noch hinzufügen, daß während des Kriegs mehrere in der Praxis stehende Genossenschafter zur Mitarbeit in das Ministerium berufen wurden und so der Genossenbewegung Dienste leisteten. (Unter ihnen Albert Thomas, der zwei Jahre lang Rüstungsminister war, heute Direktor des Internationalen Arbeitsamts.)

Hier nun einige Zahlen, die Einblick geben in den Fortschritt der Bewegung. Wir nehmen nur drei Daten: 1900, 1914 (unmittelbar vor Kriegsbeginn) und 1920 (letzte bekannte Zahl).

	Zahl der Vereine	Zahl der Mitglieder	Höhe der Verkäufe
1900	939	375 000	100 Mill. Fr.
1914	3261	876 000	320 „ „
1920	4043	2 698 000	1840 „ „

Man sieht, daß die Zahl der Vereine während der sechs Jahre 1914—1920 viel mehr zugenommen hat, als während der vierzehn Jahre 1900—1914 (174 % in der ersten Periode, 185 % in der zweiten Periode).

Die Zahl der Verkäufe hat sich während der ersten Periode etwas mehr als verdreifacht, während der zweiten Periode fast versechsfacht. Wollte man aber die Zahl von 1920 in Goldfranken umrechnen, nach dem Zahlenindex von 1920, so wäre sie um mehr als zwei Drittel vermindert, was sie mindestens um 600 Millionen herabdrücken würde. Es muß aber bemerkt werden, daß dieselbe Ursache — die Entwertung des Geldes und die Preissteigerung — notwendigerweise auch eine Herabsetzung der Zahl der Einkäufe für die Konsumenten zur Folge haben mußte.

Was die geringe Zunahme der Zahl der Vereine (24 %) anbelangt, so ist dies kein Zeichen von Stillstand, sondern im Gegenteil ein Fortschritt: sie ist die Folge der Verschmelzung einer größeren Zahl von kleinen Vereinen in eine geringere Zahl größerer Vereine. So haben sich zum Beispiel in Paris 20 Vereine zu einer einzigen Genossenschaftsunion zusammengetan, die 70 000 Mitglieder zählt. Und das Magazin de Gros (Wholesale), das 1913 für 12 Millionen Verkäufe hatte, wird 1922 auf 200 Millionen gekommen sein.

Trotz der Fortschritte, die wir eben festgestellt haben, nimmt die französische Genossenschaft einen ziemlich bescheidenen Rang ein, und wir haben schon oft unsere Kollegen gewarnt vor allzu optimistischer Betrachtung. Es genügt die Beobachtung, daß die Verkaufsziffer pro Mitglied nur den Durchschnitt von 740 Fr. (etwas weniger als 300 Goldfr.) ergibt, eine Zahl, die wohl sogar noch reduziert werden müßte, weil sie nach der Zahl der Ausverkäufe errechnet ist, die einen bemerkenswerten Teil der öffentlichen Verkäufe (vielleicht ein Fünftel) umfaßt.

Es ist weiterhin zu beachten, daß die Produktion noch sehr schwach ist (24 Millionen Fr.) — eine Tatsache, an der der Fortschritt der Genossenschaftsorganisation zu messen ist.

Aber nachdem ich über den Aufschwung durch den Krieg gesprochen, möchte ich jetzt einige Worte über die Krise sagen, die in diesem Augenblick die Genossenschaftsbewegung durchmacht und die für ihre künftige Entwicklung ziemlich beunruhigend erscheint. Die Frage hat zudem internationales Interesse, denn diese Krise ist nicht spezifisch für die französischen Genossenschaften; sie besteht, mit mehr oder weniger Intensität, fast in allen Ländern.

Zugegeben, daß sie in jedem Land verschiedene Züge aufweist und von verschiedenen Ursachen abzuhängen scheint: die einen rein wirtschaftlich, die anderen mehr moralischer oder politischer Art. In Italien, wo die Krise am schwersten ist, hängt sie mit der Uneinigkeit der Genossenschafter zusammen. Diese ist eingetreten infolge des Anschlusses der nationalen Liga an die sozialistische Partei, was die Spaltung und selbst die heftigsten Feindseligkeiten der katholischen Genossenschaften und der Nationalisten oder Faszisten hervorgerufen hat. In Rußland versucht sich die mächtige Zentralunion der Genossenschaften (Centro Soijus) zu behaupten gegen die Sowjetregierung, die zuerst sie „aufzuschlucken" versuchte, indem sie daraus ein staatliches Amt für Lebensmittelversorgung machen wollte, zuletzt aber nachgeben und der Zentralunion ihre Selbstverwaltung zurückgeben mußte. In Deutschland ist die Genossenschaft genötigt, mit der Entwertung der Mark dauernd ihr Kapital zu vergrößern und infolgedessen immer neue Einzahlungen von ihren Mitgliedern zu verlangen. In England scheint die Krise rein wirtschaftlich zu sein und keine andere Ursachen zu haben, als das Fallen der Preise und den schlechten Absatz der Jahre 1920—1921, was sich ausgewirkt hat in einer Reduzierung, ja selbst Aufhebung der Ausgabe von Gutscheinen und sogar durch bemerkenswerte Verluste (3 Millionen Pfund für das Wholesole in Manchester). In Frankreich treffen, wie wir sehen werden, alle diese Ursachen zusammen.

Aber welches auch die verschiedenen Formen seien, unter denen die Genossenschaftskrise auftritt, die Tatsache der Gleichzeitigkeit dieser Erscheinungen läßt glauben, daß außer den für jedes Land spezifischen Ursachen noch eine allgemeine Ursache wirksam sein muß, nämlich eine Auswirkung jenes Gesetzes vom Rhythmus, von Ebbe und Flut, welche die Erscheinungen der wirtschaftlichen Welt ebenso beherrscht wie die der kosmischen Welt und die folglich nach dem raschen Aufschwung während des Kriegs uns in der Genossenschaftsbewegung eine Periode des Abflauens voraussehen läßt.

Kommen wir auf Frankreich zurück.

Seit etwa einem Jahr wird eine heftige Fehde geführt gegen die Lebensmittel-Genossenschaften. Geradeheraus gesagt, in Frankreich wie in anderen Ländern führten zu allen Zeiten die Kaufleute gegen die Genossenschaften Krieg. Während des großen Krieges hatten die Kämpfer jenes kleinen Krieges Waffenstillstand geschlossen, um die heilige Einheit nicht zu zerstören. Aber gleich nach Ende des internationalen Krieges fingen die Feindseligkeiten auf genossenschaftlichem Gebiet wieder an. Und diesmal suchten und fanden die Kaufleute Verbündete in den politischen und religiösen Parteien, auf seiten der Katholiken und der Konservativen.

Um dies zu erreichen, dehnten sie ihre Beschwerden weiter aus. Früher gingen die Anklagen gegen die Genossenschaften nur bis zu Fragen fiskalischer Ungleichheit, etwa der Steuernachlässe oder gar der Beihilfe und Privilegien durch den Staat — heute aber werden die Genossenschaften angeklagt, daß sie den Kommunisten, Bolschewisten, Syndikalisten Gelder verschaffen und auf diese Weise ein Instrument in den Händen der Revolutionäre seien und eine Gefahr für den Staat bedeuten.

Auf einem kürzlich stattgehabten Kongreß der sogenannten „Unions Cioigres" — einer nationalistischen Liga, die unter anderen Eigenheiten auch die hat, freiwillige Streikbrecher aus den bürgerlichen Klassen auszuheben, die wenigstens bei Streiks der staatlichen Angestellten auftreten — wurde von einem pensionierten Staatsanwalt ein Bericht über die Genossenschaftsbewegung erstattet. In diesem Bericht oder vielmehr in dieser Anklage wurden die Beschwerden gegen die Föderation der Konsumgenossenschaften in folgender Weise formuliert: Sie beschäftigt sich mit einer gefährlichen Propaganda, welche die gegenwärtige soziale Ordnung umzustürzen sucht, indem sie die Streiks nährt und die kommunistische Partei unterstützt.

Der Berichterstatter gibt sogar Zahlen an und versteigt sich bis zu 50 Millionen Fr., die den revolutionären Organisationen von den Genossenschaften zugeführt worden seien.

Diese Anklagen wurden in zahlreichen Zeitungen und Zeitschriften abgedruckt, so in der „Action Nationale" und in der Zeitung für ländliche Propaganda „Paysan de France".

Sie fanden sympathische Aufnahme in den genossenschaftlichen Verbänden konservativer und katholischer Kreise: es gibt deren zwar nicht viele, aber immerhin doch einige. So soll sich denn auch vor einigen Monaten eine Anzahl der katholischen Verbände zu einem Kongreß in Paris versammelt haben, und nachdem erklärt worden war, „daß eine zu große Anzahl der Genossenschaften von der Fédération Nationale sich einer sozialistischen und unchristlichen Propaganda hingeben", wurde die Gründung einer anderen Föderation beschlossen unter dem Namen der „unabhängigen Genossenschaften", in Wirklichkeit der Katholiken und Antirepublikaner[1].

Ist es nötig zu sagen, daß alle diese Anklagen absurd sind und von seiten der Ankläger entweder einen völlig bösen Willen oder eine völlige Unwissenheit über unsere Genossenschaftsbewegung bekunden?

Es ist töricht, zu glauben, daß die Genossenschaft über einen „Kriegsschatz" (von 50 Millionen Fr. fürs Jahr) verfüge, mit dem sie die revolutionäre Organisation unterstütze, — töricht besonders deswegen, weil in den letzten Jahren die Mehrzahl keine Gutscheine verteilt hat.

Es ist weiterhin töricht, zu glauben — selbst jene Verteilung vorausgesetzt —, daß es in der Macht der Beamten und Führer gelegen hätte, die Gutscheine den Mitgliedern zu entziehen, um sie den syndikalistischen und kommunistischen Organisationen zuzuführen. Die Beamten, die es sich einfallen ließen, einen solchen Vorschlag zu machen, wären nicht lange an ihrer Stelle. Jeder, der eine gewisse Erfahrung in Genossenschaftsangelegenheiten hat, weiß, wieviel Mühe es kostet, von den Mitgliedern auch nur die geringste Überweisung vom Gewinn an das Budget der Föderationszentrale oder für Pro-

---

[1] Es ist bekannt, daß vor zwei Jahren eine internationale christliche Genossenschaftsunion gegründet wurde, mit dem Sitz in Rom. Obwohl sie sich speziell an die Landwirtschaftsgenossenschaften wendet, hat sie doch augenscheinlich das Ziel, alle Genossenschaften mit religiösen und konservativen Tendenzen zu vereinigen und so zu konkurrieren mit der Alliance coopérative Internationale, die vor 27 Jahren gegründet wurde und von der man findet, daß die „Roten" einen zu großen Platz einnehmen, seit die Moskauer Genossen dort zugelassen sind.

Die kleine Föderation der „unabhängigen Genossenschaften", die sich in Paris konstituiert hat, stammt augenscheinlich aus derselben Familie.

paganda- und solidarische Angelegenheiten zu erreichen. Nicht ein Pfennig ist von den der Föderation angegliederten Vereinen einer politischen Organisation gegeben worden. Was indessen den Irrtum erklären konnte, ist die Tatsache, daß gewisse sozialistische und syndikalistische Organisationen auf der Genossenschaftsbank ihre Gelder stehen haben und dort natürlich, wenn sie ihr Geld brauchen, es abheben; aber es gehört eine wahrhaft grobe Unkenntnis dazu, eine Auszahlung von Depotgeldern mit Unterstützungen zu verwechseln.

Es ist ebenso töricht, zu behaupten, daß unsere Föderation sich mit sozialistischer oder antichristlicher Propaganda abgebe. Es ist wahr, daß unter den Verwaltungsbeamten der Genossenschaften und der Fédération Nationale eine große Zahl, vielleicht die Mehrzahl, Mitglieder der sozialistischen Partei und ohne Zweifel auch Freidenker sind, aber in unserem Zentralkomitee findet sich zum mindesten einer, soviel ich weiß, der ultrakonservativ ist. Ich selbst bin einer der Gründer und derzeitiger Präsident einer christlich-sozialen Vereinigung. Nie hat einer von uns sich mit der politischen und religiösen Anschauung seiner Genossen beschäftigt, noch sich mit irgendeiner Propaganda abgegeben, um sie irgendwie zu beeinflussen.

Als 1912 die beiden konkurrierenden Genossenschaftsföderationen, die sogenannte bürgerliche oder neutrale und die sozialistische, sich verschmolzen zu der jetzigen „Fédération nationale", wurde vertragsmäßig festgestellt, daß die Fédération nationale absolut autonom bleiben müsse und sich von keiner politischen Partei ins Schlepptau nehmen lassen dürfe, und seit jenem Zeitpunkt ist sie stets diesem Einigungsvertrag treu geblieben.

Aber gerade dieses strenge Einhalten der politischen Neutralität hat gegen die genannte Föderation einen anderen Feldzug heraufbeschworen, der von der Oppositionsseite, den kommunistischen Genossenschaften, geführt wird. Ohne der Genossenschaft das Recht zu bestreiten, daß sie ihr eigenes Leben lebt und in sich selbst ihr eigenes Ziel sucht, wirft sie ihr Lauheit ihres sozialen Programms vor, wirft ihr vor, mit der Regierung und mit dem Bürgertum zu paktieren, nicht heftig genug gegen den Krieg protestiert, ja, an der nationalen Verteidigung sich mitbeteiligt zu haben und schließlich — trotz der rein gelehrten Abhandlungen über die Abschaffung des Profits — eher für als gegen die Herrschaft des Kapitals zu arbeiten.

Aber zum Unterschiede gegen die Genossenschaften der Rechten haben die der Linken keine andere Genossenschaft zu gründen versucht, ja, sie haben sogar protestiert gegen jeden Separatismus: sie beschränken sich auf den Versuch, die jetzigen Direktoren zu stürzen, um selber an die Spitze zu kommen, und ihre Opposition scheint weniger in einer wirklichen Zielverschiedenheit, als in persönlichen Antipathien begründet zu sein.

Sie umfassen übrigens eine nur geringe Anzahl: auf dem Marseiller Kongreß im Mai ungefähr 218 gegen 4290 Stimmen.

Nichtsdestoweniger ist die Lage der Fédération nationale nun so, daß sie von den Genossenschaften der Rechten als zu revolutionär, von denen der Linken als zu wenig revolutionär kritisiert wird.

Von ihrem Standpunkt aus haben die einen und die anderen recht: die Abschaffung dessen, was bis heute die einzige Triebkraft der Aktivität des Menschen war, nämlich die Abschaffung des Profits und die Einführung der Wahrheit, der Gerechtigkeit unter der Form des reellen Preises im Austauschverkehr bedeutet eine Revolution, wie eine größere nicht denkbar ist. Aber sie ist nichtrevolutionär durch ihre Kampfmittel, da Vergewaltigung, Diktatur des Proletariats und selbst gesetzlicher Zwang ausgeschlossen sind. Einzig stützt sie sich auf den guten Willen zur freien Vereinigung und den Einfluß des Vorbildes.

Wir wollen die Neutralität, das ist wahr, aber nicht in dem Sinne, den uns die Ökonomen der liberalen Schule gern unterschieben möchten, indem sie der Genossenschaftsbewegung jeden Zug zur sozialen Weiterentwicklung absprechen und als einziges Ziel die Verminderung der Lebensunterhaltskosten, die Leichtigkeit, Ersparnisse zu machen, bezeichnen. Unsere Neutralität ist wie die des Roten Kreuzes: weder Rücksicht auf Parteien, noch Farben, noch Klassen gibt es hier. Man sei arm oder reich, sozialistisch oder kommunistisch, Arbeiter oder Bürger, rot oder gelb oder weiß, es tut nichts zur Sache. Durch die eine Tatsache, daß man Konsument ist — und wer ist es nicht! — hat man das Recht, an den Wohltaten der Genossenschaften teilzunehmen. Wie ich es schon oft betont habe: über ihrer Tür müßten die Worte geschrieben stehen, die man an Warenhaustüren finden kann: „Eintritt frei."

Man darf aber trotz alledem die leidige Möglichkeit einer Spaltung in der genossenschaftlichen Bewegung in rechts und links nicht für absolut unwahrscheinlich halten, eine Spaltung, die unsere so mühsam errungene Einigkeit zerstörte und uns drei Förderationen statt einer bescherte (wie in Italien). Diese Dreiteilung könnte ja wohl den schönen Erfolg haben, daß sich die Zahl der Genossenschafter im ganzen vermehrte, weil die Propaganda nach rechts und links sich ausbreiten könnte in Kreisen, die heute uns fast unzugänglich sind. Aber die Einheit im Genossenschaftsprogramm wäre verlorengegangen.

Rechts würde man aller Voraussicht nach auf die Abschaffung des Profits verzichten, links würde man in das Prinzip vor Rochdale mit der Verteilung von Gutscheinen zurückfallen. Das wäre das Chaos!

Es sollen jetzt einige Aufschlüsse gegeben werden über Beziehungen, die zwischen der französischen Genossenschaft und den folgenden drei Kreisen bestehen: der politischen, der religiösen und der akademischen Welt.

Was die politische Welt betrifft, so hält sich die Genossenschaft außerhalb aller Parteien. Nicht nur das. Sie hat auch nie Kandidaten zu den Wahlen aufgestellt mit der Etikette: Genossenschaftskandidat, ja, sie hat nie teilgenommen an den Wahlkämpfen für diesen oder jenen Kandidaten. Daß einigemal — selten zwar — ein oder zwei Führer der Genossenschaften als Wahlkandidaten aufgestellt wurden, entspricht der Wahrheit; aber sie standen unter der Flagge dieser oder jener Partei, nicht unter der der Fédération nationale. Darin folgen wir nicht dem Beispiel unserer englischen Genossen, die — nicht ohne Zögern und trotz lebhafter Kritiken — sich entschlossen, zu den Wahlen Genossenschaftskandidaten aufzustellen. Von den elf zur letzten Wahl Gestellten wurden vier gewählt.

Wir verfolgen diese Politik nicht, weil wir uns nicht der Gefahr einer Spaltung in der Genossenschaftsbewegung aussetzen und ihr die Sympathien von rechts und links entfremden wollen. Wir nehmen an, daß ohne Unterschied alle Deputierten der Nation sich als Vertreter der Genossenschaften betrachten, weil deren Interessen mit dem der Nation zusammenfließen.

Deshalb hat auch vor den letzten Wahlen, 1920, die Fédération nationale an alle Kandidaten ohne Unterschied der Parteien eine Zuschrift in Form eines Fragebogens gesandt.

Wir legten jedem Kandidaten folgende Fragen vor:
1. ob er die soziale Nützlichkeit der Konsumgenossenschaften anerkenne als das Mittel, einen gerechten Preis festzusetzen und die Lebensmittel gerecht zu verteilen;

2. ob er sich bei der Gründung einer Gruppe von Abgeordneten des Parlaments beteiligen würde zum Zwecke ausgesprochenen Studiums der Fragen, die in Zusammenhang stehen mit den Genossenschaften;
3. ob er für die Gesetzentwürfe stimmen würde, die sich mit den Fragen der Kapitalverleihung an die Konsumgenossenschaften befassen;
4. ob er sich verpflichte, gegen die Erhöhung der Lebensmittelsteuer zu stimmen;
5. ob er entschlossen wäre, eine internationale Handels- und Volkswirtschaftspolitik im Sinne der Genossenschaften zu unterstützen.

Eine ziemlich große Zahl von Kandidaten hat zustimmend geantwortet; aber da viele davon durchgefallen sind, so waren am Ende unter den 600 gewählten Abgeordneten nur 78, die das angeführte Programm unterzeichnet hatten. Was aber bemerkenswert ist und unsere Neutralität rechtfertigt, ist die Tatsache, daß die Unterzeichner auf den entgegengesetzten Seiten der Kammer sitzen, von der äußersten Linken bis zur äußersten Rechten, und daß darunter sich sogar der heftigste Gegner der Republik befindet, der bekannte monarchistische Führer Léon Daudet.

Gemäß ihrer Zusage haben die Abgeordneten der Kammer eine Gruppe von „Freunden der Genossenschaften" gegründet, und diese Gruppe hat sich sogar nach und nach um eine Anzahl von solchen Abgeordneten vergrößert, die auf unsere Fragebogen nicht geantwortet hatten. Diese Gruppe zählt heute 122 Mitglieder, die sich etwa folgendermaßen verteilen:

22 sozialistische Deputierte,
33 Radikal-Sozialisten,
67 vom Zentrum und von der Rechten.

Aber die Aufzählung könnte zu einem Irrtum führen! In Wirklichkeit ist es so, daß jedesmal, wenn die Genossenschaftsföderation eine Stütze in der Kammer oder bei der Regierung braucht, sie diese nur auf der Linken suchen kann.

Denn wenn die Föderation es auch ablehnt, Politik zu treiben, so heißt das nicht, daß sie kein Interesse habe an der Gesetzgebung, oder daß sie die Wirkung — im guten wie im bösen — verkenne, welche Gesetze auf die Genossenschaftsbewegung haben können.

Im Gegenteil, sie verfolgt aus nächster Nähe alle Gesetzentwürfe, die ihrer Beschaffenheit nach die Genossenschaft interessieren können, und benutzt ihren ganzen Einfluß bei den der Genossenschaft wohlwollend gegenüberstehenden Abgeordneten, daß diese dafür stimmen oder sie ablehnen — zum Beispiel die fiskalischen Gesetze, das Gesetz über die Preiskontrolle oder über die Zölle.

Sie hat sogar die Gründung eines „obersten Genossenschaftsrates" durchgesetzt — eine Einrichtung, die unseres Wissens noch in keinem anderen Lande besteht —, welcher die Aufgabe hat, die Gesetzentwürfe, welche die Genossenschaft und die Konsumenten interessieren, selbst zu studieren und sie zu besprechen. Selbstverständlich ist er nicht in der Lage, über Gesetze abzustimmen, und spielt nur eine beratende Rolle. Er ist zusammengesetzt aus Mitgliedern, die von den Konsumgenossenschaften gewählt sind, wird von solchen der Produktionsgenossenschaften ergänzt und untersteht dem Arbeitsminister. Er hat eine analoge Stellung wie der oberste Arbeitsrat, der die beruflichen Interessen der Arbeiter und der Arbeitgeber vertritt.

Einer der bemerkenswertesten Züge der Genossenschaftsbewegung in Frankreich im letzten Jahr war die Propaganda in intellektuellen und Universitätskreisen.

Dies geschah auf verschiedene Weise.

Zuerst wurde ein Manifest aufgesetzt und an alle Universitäten geschickt. Dieses Manifest lautet wie folgt:

Der Krieg hat für die Genossenschaft eine völlig unerwartete Reklame gemacht. Die Konsumenten, im Kampf mit dem Mangel an Lebensmitteln, der Steigerung der Preise und der Ausbeutung der Kaufleute, fanden in den Konsumgenossenschaften einen Zufluchtsort. Selbst in verschiedenen Ländern des europäischen Orients waren die Verkaufsstellen dieser Genossenschaften für die ausgehungerte Bevölkerung fast die einzigen Versorgungszentren.

In Frankreich hat die Regierung angefangen, einzusehen, daß die Genossenschaft auch eine Art öffentliche Macht darstellt, und es wurde ihr ein gewisses Kontrollrecht eingeräumt. In den meisten Beratungsausschüssen, die zum Kampf gegen die Erhöhung der Preise ins Leben gerufen wurden, und die sich beschäftigen sollten mit der Versorgung der Bevölkerung, dem Wiederaufbau der verwüsteten Gebiete, dem Post- und dem Eisenbahnbetrieb, oder auch mit dem Kampf gegen den Alkoholismus und das Wohnungselend, wurde eine bestimmte Zahl von Plätzen für die Vertreter der Konsumenten reserviert.

Trotz alledem haben weder die Presse, noch die öffentliche Meinung, noch die Nationalökonomen der Genossenschaftsbewegung die Aufmerksamkeit geschenkt, die sie, nach der Ansicht der Unterzeichner dieser Erklärung, verdient. Man fährt fort, in ihr die Form irgendeiner Handelsorganisation zu sehen, die ihre Vor- und Nachteile hat; man hat aber nicht geglaubt, daß die Genossenschaft über die aktuellen Erfolge hinaus ein vollständiges Programm sozialen Wiederaufbaus bieten könnte. Unsere Gesellschaft hat aber gerade den Ehrgeiz, daß diese Überzeugung in den Geist der Menschen eindringe, mittels der gewöhnlichen Propaganda, besonders aber durch Aufklärung in allen Ständen. Sie hat nicht das Ziel, Anhänger aus den bestehenden Genossenschaften zu werben oder neue Gesellschaften zu gründen. Es bestehen für diese Propagandaarbeit schon mächtig organisierte Genossenschaften; wir brauchen ihnen nicht ins Gehege zu kommen.

Wir möchten die Konsumgenossenschaften zeigen als „Arbeitsstätten für soziale Experimente", wie sie Jaurès nannte. Und seit dem Dreivierteljahrhundert, währenddessen dieser Versuch in den verschiedenen Ländern und unter den verschiedenen wirtschaftlichen Bedingungen betrieben wird, scheint uns eine genügende Arbeit geleistet worden zu sein, um die Charakterzüge der künftigen Gesellschaft zu erkennen und damit auch zu sehen, was an Utopistischem und was an zu Verwirklichendem in den sozialen Forderungen, die allenthalben erhoben werden, steckt.

Wir glauben, daß man bereits heute die folgenden Richtlinien abstecken kann. Wir sagen Richtlinien, denn es handelt sich nicht darum, ein Programm innerhalb eines starren Rahmens zu zeichnen. Die Genossenschaft ist eine Bewegung, wie die Engländer sagen, und keine Verfassung.

Die Genossenschaften lehren uns zuerst, daß eine Unternehmung leben und gedeihen kann außerhalb der Bedingungen, die von der Nationalökonomie als unumgänglich angesehen wurden, das heißt ohne den Anreiz des Profits und ohne den Antrieb der Konkurrenz. Die genossenschaftlichen Unternehmungen arbeiten in Wirklichkeit ohne den anreizenden Profit; denn sie haben sich zur Regel gemacht, daß der Gewinn denen wieder zugute kommt, von denen er erzielt wurde, und was die Konkurrenz betrifft, so bemüht man sich, wo nur es möglich ist, die Bundesgenossenschaft oder selbst die Verschmelzung herbeizuführen. An dem Tage, an welchem der Profit aus der Welt verschwände, wäre der Wettbewerb um ihn gegenstandslos, und es bliebe nur noch der Wetteifer.

Die Genossenschaften zeigen uns auch, wie es nicht für den Erfolg einer Unternehmung notwendig ist, daß das Kapital herrsche und die Früchte ernte. Sie schalten aber das Kapital nicht aus, sie ziehen es sogar heran, bis sie ihre eigenen Kapitalien bilden können und es ihnen möglich ist, seine Dienste durch eine feste Verzinsung zu bezahlen, aber sie lehnen es ab, ihm das Recht zum Befehlen zuzugestehen und sich die Gewinne der Unternehmung unter dem Vorwande, daß es sie geschaffen habe, anzueignen.

Sie kämpfen auch — in dem engen Ausmaß, den ihnen ihre Entwicklung erlaubt — gegen wirtschaftlichen Nationalismus unter der Form der Schutzölle, ebenso wie auch gegen den sogenannten Internationalismus des Kapitalismus, der nur eine Form von Imperialismus ist. Indem sie vor dreißig Jahren den Internationalen Genossenschaftsbund gegründet haben, sind sie dem Völkerbund vorausgeeilt, und sie zielen darauf hin, den internationalen Handel von seiner heutigen Form des Kampfes um den Profit zurückzuführen auf seine wahre Form, nämlich das Zusammenarbeiten der Völker für die wirtschaftliche Nutzbarmachung der Hilfsquellen aller Länder, nur das Wohl aller im Auge habend.

Die Konsumgenossenschaften sind nicht geneigt, die Diktatur des Kapitals durch eine Diktatur der Arbeit zu ersetzen, selbst das Wort im weitesten Sinne genommen, das heißt darunter nicht nur die Handarbeiter, sondern alle Produzenten verstehend. Zur Zeit herrscht die Tendenz, für diese nicht nur die Regierung in der wirtschaftlichen Ordnung (Syndikalismus), sondern auch in der politischen Ordnung (berufliche Vertretung) in Anspruch zu nehmen. Die Genossenschaften glauben nicht, daß die Produzenten allein die Fähigkeiten haben, das öffentliche Interesse zu vertreten; denn sie sind notwendig voreingenommen und selbst beherrscht von beruflichen oder körperschaftlichen Interessen. Die organisierten Konsumenten dagegen können kein anderes Interesse haben als das aller. Sie können also mit gutem Recht die Rolle eines Organs der öffentlichen Interessen anstreben, eine Rolle, die bis jetzt vom Staat gespielt wurde, der sich aber ganz und gar nicht dieser Aufgabe gewachsen zeigte, wenigstens was die wirtschaftliche Ordnung betrifft, und die Syndikalisten sind in ihren Kritiken darin nicht weniger streng als die Ökonomen der liberalen Schule. Man muß also der öffentlichen Meinung ein neues Organ geben. Wir sehen es in den Organisationen der Konsumenten.

Es ist selbstverständlich, daß wir zwischen Konsumenten und Produzenten hier nie eine grundsätzliche Gegenüberstellung im Auge haben, durchaus nicht eine Feindschaft von Personen oder einen Klassenkampf, und das um so weniger, als es die Konsumgenossenschaften sind, die — zusammengesetzt aus einer großen Mehrheit von Arbeitern — die hervorragendsten Erfolge errungen haben.

Selbst wenn jeder Konsument gleichzeitig — wie es eigentlich sein sollte — Produzent wäre, so wäre es doch von Wichtigkeit, daß jeder lernte, in seinem Innern diese entgegengesetzten Interessen zu unterscheiden und abzuwägen, und daß er lernte, die besonderen den allgemeineren zu opfern. Das ist's, was ihm die Konsumgenossenschaft durch Lehren an alltäglichen Dingen beibringt. Und das ist die Lehre — sittlich wie wirtschaftlich —, die wir verbreiten wollen.

Dieses Manifest wurde beifällig aufgenommen, und es unterschrieben mehr als 200 Professoren, unter ihnen viele von der Sorbonne und dem Collège de France. Aber es ist sonderbar, daß fast alle Unterschriften von Philologen, Philosophen und Naturwissenschaftlern stammen, sehr wenige, ein halbes Dutzend etwa, von Nationalökonomen. Um dies zu erklären, muß man wissen, daß in Frankreich der Unterricht in Nationalökonomie fast vollständig in der rechtswissenschaftlichen Fakultät erteilt wird, und die juristischen Fakultäten sind im allgemeinen sehr ablehnend gegen jeden Sozialismus und auch jede Lehre, die sozial gefärbt scheint, selbst dann, wenn sie — wie bei den Genossenschaften — zur Verwirklichung ihres Programms nur die freie Vereinigung fordert. Ich muß sogar gestehen, daß sie dem Programm noch besonders abgeneigt sind, das ich persönlich so lange dort gelehrt habe.

Die Unterzeichner des Manifests gründeten eine Vereinigung und diese eine Vierteljahrszeitschrift unter dem Titel „Revue des Etudes Cooperatives", deren Leiter Mr. Bernard Labergne ist, Professor der Nationalökonomie, früher an der Universität Nancy, jetzt in Lille. Die erste Nummer erschien im Dezember 1921.

Diese Vereinigung hat die Fédération nationale der Genossenschaftsvereine unterstützt in der Schaffung eines Lehrstuhls für den

Unterricht im Genossenschaftswesen am Collège de France. Obwohl man glauben sollte, daß diese Gründung zu keinerlei Einwand der Regierung Anlaß geben könnte, da sie das Budget nicht belastete, weil die Genossenschaften alle Kosten der Gründung auf sich genommen hatten, verging trotzdem mehr als ein Jahr über all den Schritten, die getan werden mußten; es brauchte einen unablässigen Druck, um zu erreichen, daß der Minister für Schulwesen unterzeichnete. Er fürchtete, daß die Eröffnung von Vorlesungen zu Kundgebungen für und wider führen könnte, eine Besorgnis, die grundlos blieb.

Nicht nur bei Professoren der Universität, sondern auch bei solchen der Lyzeen und Primärschulen breitete sich unsere Propaganda aus. Auch hier fand sie geneigte Ohren. Eine ansehnliche Anzahl von Philosophie- und Geschichtsprofessoren der oberen Klassen beschlossen, einige Stunden im Jahresunterricht der Erklärung der Genossenschaftsbestrebungen zu widmen und die Bewegung in der wirtschaftlichen und sozialen Geschichte darzulegen.

In den sogenannten Normalschulen, wo die Lehrer für die Primärschulen ausgebildet werden, beginnt man auch dem Unterricht in Genossenschaftslehre einen bescheidenen Platz einzuräumen, ebenso in ihren Bibliotheken für unsere Bücher und Zeitschriften. In den Primärschulen aber fängt man an, kleine Genossenschaften zu gründen zum Ankauf von Papier, Federn und anderem.

Gewiß darf man sich keine Illusionen über die Resultate solchen Unterrichts machen. Er hat nicht den Zweck, Anhänger für die Genossenschaften heranzubilden. Die Studenten oder die anderen jungen Leute, an die er sich wendet, werden sich der Konsumgenossenschaft kaum anschließen, da diese praktischen Wert nur für die in der Familie lebenden Personen hat. Es wäre aber ein tiefgreifendes Resultat, die öffentliche Meinung zu gewinnen und ihr zu verstehen zu geben, daß zwischen der klassischen Nationalökonomie, dem Manchestertum, nach Carlyle „dismal science", einerseits und dem marxistischen oder bolschewistischen oder staatlichen Sozialismus andererseits ein Mittelweg besteht, revolutionär sicherlich, da nichts Geringeres angestrebt wird, als die Abschaffung jener beiden Kräfte, die bis zum heutigen Tage die beiden einzigen Antriebe wirtschaftlicher Tätigkeit waren, nämlich Profit und Konkurrenz — aber auch friedlich, da er nur die Vereinigung aller in gutem Willen verlangt.

Bleiben die religiösen Kreise. Es besteht in Frankreich ein Kreis, in dem die Genossenschaften schon den Sieg davongetragen haben, denn ihr soziales Programm wurde unter Ausschluß jedes anderen Programms angenommen; ich spreche von der „protestantischen Gesellschaft des sozialen Christentums", die als Organ eine Zeitschrift desselben Titels herausgibt. Auf ihrem letzten Kongreß, der in Straßburg im letzten Juni stattfand, hat diese Gesellschaft die Zustimmung, die sie dem genossenschaftlichen Programm schon oft gegeben, wieder erneuert. Um der Wahrheit die Ehre zu geben, diese Zustimmung entspringt wohl der Tatsache, daß die Gesellschaft mehr als zwanzig Jahre lang meinen Freund de Boyve, Begründer der Genossenschaftsunion im Jahre 1886 und Urheber der Alliance Cooperative Internationale, zum Präsidenten hatte und nach dem Rücktritt de Boyves aber mich selbst. Die Übereinstimmung ist auch ganz selbstverständlich, da der genossenschaftliche Wahlspruch: „Einer für alle, alle für einen" nichts weiter ist, als eine Übersetzung des Evangeliums: niemand lebt für sich allein.

Es ist übrigens bekannt, daß in England und den Vereinigten Staaten der Zusammenschluß zwischen sozialem Christentum und Genossenschaft schon früher vollzogen worden ist und schöne Erfolge aufweist. Aber leider umfaßt er in Frankreich eine sehr kleine Zahl von Protestanten (fast nur Pastoren), und da die Protestanten selbst nur eine sehr geringe Minderheit in Frankreich ausmachen (kaum $2^1/_2$ %), so ist es klar, daß hier die Genossenschaften keine großen Eroberungen machen können. Dagegen könnten sie in der ausgedehnten katholischen Welt einen sehr viel größeren Anhang finden. Aber wie wir dargelegt haben, glauben die Katholiken in der genossenschaftlichen Bewegung sozialistische Tendenzen zu erblicken, die sie beunruhigen. Sie sind den Pionieren von Rochdale keineswegs feindlich gesinnt und gehen selbst so weit, die Idee von der Abschaffung des Profits anzunehmen, die im großen ganzen nur eine Fortsetzung des jahrhundertelangen Kampfes der Kirche gegen den Geldgewinn — usura vorax — wäre; aber andererseits sind sie die Beschützer der Mittelklasse, des kleinen Handels, der kleinen Industrie und folglich nicht geneigt, diese Mittelklasse ausgeschaltet und verdrängt zu sehen durch eine republikanische Genossenschaft, wie wir sie darstellten, den ganzen Handel aufzehrend, ja, eventuell auch die ganze Industrie. Wenn aber die katholische Partei, nachdem sie so lange ihre Hoffnung auf die professionellen Syndikate gesetzt hatte, sich heute den Genossenschaften zuwendet (und diese Bewegung scheint sich tatsächlich da und dort zu zeigen), so wird es nur eine Genossenschaft sein können, die sie nach ihrem Bilde geschaffen hat.

Wollte man verlangen, als Zusammenfassung zum Schluß einige Mutmaßungen über die Zukunft der Genossenschaft in Frankreich zu äußern, wir kämen sehr in Verlegenheit. Wir glauben aber, daß sie als Lehre, als Ausdruck der sozialen Umwälzung mehr und mehr nur diejenigen um sich versammeln wird, die nicht an die alleinige Wirkung der Gewalt zur Lösung sozialer Fragen glauben. Aber als praktische Ausführungsmöglichkeit betrachtet, befindet sich die Genossenschaft in Frankreich — wie in anderen Ländern übrigens auch — an einem kritischen Zeitpunkt, gerade weil sie im Wachsen begriffen ist und weil sie sich gezwungen sieht, zu den kapitalistischen Methoden der Großproduktion und der Konzentration ihre Zuflucht zu nehmen. Auf diese Weise also, die Taktik und die Waffen der Feinde benutzend, könnte sie vermeiden, damit zugleich auch deren Laster — die Sorge um den Gewinn, den Bureaukratismus, die Ausschaltung alles Individuellen mit zu übernehmen? — Der Schweizer Genossenschafter Herr Jäggi hat in einem Aufsatz die Gefahren der zu großen Genossenschaften entwickelt, eine Frage, die seit mehreren Monaten unzählige Für und Wider in der genossenschaftlichen Presse hervorgerufen hat. Darnach scheint die Genossenschaftsbewegung in dem Dilemma zu stecken: entweder sich beschränken zu müssen auf kleine Kreise treuer Anhänger oder — um die Masse zu gewinnen — ihre ursprünglichen Tugenden verlorengehen zu lassen.

Im Wachsen wird sie notwendigerweise ihr Programm ausführen wollen, nämlich die Produktion in eigene Hand zu nehmen. Und dann fände sie sich — da sie ja ein nun immer zahlreicheres Arbeitspersonal brauchte — auch schon im Handgemenge mit den Syndikaten, den Streiks und mit dem schrecklichen Problem der Lohnarbeit. Syndikat gegen Genossenschaft, Produzent gegen Konsument — das wird das „Kreuz von morgen" sein. Hoffen wir, daß dieser wie alle Kriege in einer Verständigung sein Ende finden möge.

Die Genossenschaftsbewegung in den Vereinigten Staaten von Amerika.

Von

James Peter Warbasse.

Die ersten Anzeichen einer Genossenschaft fanden sich unter den nordamerikanischen Indianern und den mexikanischen Azteken, als diese Völker von den ersten spanischen Forschern im 15. und 16. Jahrhundert beobachtet wurden.

Genossenschaftliche und kommunistische Sieblungen, meistens europäische, entstanden gegen Ende des 18. und am Anfang des 19. Jahrhunderts. Von dieser Zeit an bis zur Gegenwart bildeten sich immer wieder Kolonien, deren Mitglieder versuchten, ihr gewerbliches und soziales Leben in genossenschaftlichem Geist zu führen. Landbau und andere Formen produktiver Arbeit betrieben sie als selbständige Eigentümer; sie verkauften ihre Erzeugnisse und kauften gemeinschaftlich ein. Sie entstanden und verschwanden. Einige dieser Landkolonien hatten im Handel als Erwerbsgeschäft Erfolg, jedoch keine gelangte als soziale Unternehmung zu Bedeutung, da sie, wenn sie durchhielten, sich früher oder später lieber profitwirtschaftlich als sozial einstellten. Finanzielle Erfolge haben ihr genossenschaftliches Wesen stets zerstört. Die einzig möglichen Ausnahmen waren jene seltenen religiösen Sieblungen, die irgendeinem einflußreichen Führer folgten oder an einem religiösen Dogma ehrfürchtig festhielten.

Die Konsumgenossenschaftsbewegung begann in den Vereinigten Staaten im Jahre 1845, als die Arbeiterschutzvereinigung („Workingmens Protective Union") ihren ersten Laden in Boston eröffnete. Seit dieser Zeit machte die Arbeiterschaft ununterbrochene Versuche, Genossenschaftsvereine ins Leben zu rufen. Im Jahre 1853 gründete die „International industrial Assembly of America" genossenschaftliche Unternehmungen mit einer Mitgliederzahl von 200 000. Ebenso die „National Labour Union" im Jahre 1866. Diesen folgten die „Patrons of Husbondry", der „Grange", die „Sovereigns of industry" und die „Knights of Labour". 1877 besaßen die letzteren Organisationen in den östlichen Staaten mehrere hundert Läden. Sie entfalteten sich auch in vielen unabhängigen Produktionsunternehmungen, die sie Genossenschaften nannten, die aber zu den Organisationen der Konsumenten in keinen Beziehungen standen. Die „New-England Protective Union" hatte 400 Verteilungsstellen, die sich über die ganzen Atlantischen Staaten ausbreiteten.

Diese alten Organisationen waren vom genossenschaftlichen Standpunkt aus unzulänglich. Den meisten fehlten die grundlegenden Besonderheiten einer Genossenschaft. Die übrigen, soweit sie als Genossenschaften betrachtet werden konnten, waren genossenschaftlich derart mangelhaft geschult, daß ihre Mitglieder Wesen und Möglichkeiten ihrer Unternehmung nur vereinzelt erkannten. Die große Mehrzahl versagte. Die „Building Assoziations" oder die „Bau- und Darlehnsgenossenschaften" stellen in den Vereinigten Staaten eine andere Form der Frühgenossenschaft dar, die sich eine Zeitlang ausbreitete. Die erste Organisation dieser Art war die „Oxford Provident Building Assoziation", die 1831 nahe bei Philadelphia gegründet wurde.

Genossenschaftsbanken und Kreditvereine gehen auch zurück auf die ersten Jahrzehnte des letzten Jahrhunderts. Diese früh sich durchkämpfenden Gesellschaften wurden allem Anschein nach völlig gestört durch den Bürgerkrieg in den sechziger Jahren. Zu Beginn des gegenwärtigen Jahrhunderts erließen einige Staaten Genossenschaftsbankgesetze, und die Bewegung begann sich allmählich auszubreiten. Gegenwärtig bestehen ungefähr 500 Genossenschaftsbanken.

Während in Europa die Genossenschaft während der letzten 50 Jahre bemerkenswerte Fortschritte machte, entwickelte sie sich hier sehr langsam. In den Vereinigten Staaten stellen sich der genossenschaftlichen Arbeit größere Schwierigkeiten entgegen, und die Zahl der Mißerfolge ist wahrscheinlich größer gewesen als in Europa.

Der Hauptgrund für diesen schwachen Fortschritt liegt in dem Umstand, daß bis 1916 keine nationale Zentralstelle für Aufklärung und Führung, wie in jedem europäischen Lande, bestand. Die vom Volk gegründeten und unterstützten Gesellschaften waren keine wirklichen Genossenschaften in der Methode; und sie versuchten, ohne planmäßige Führung oder Aufklärung zu arbeiten.

Außerdem sprachen auch ökonomische Gründe mit. Ein neues Land mit grenzenlos günstigen Gelegenheiten züchtet individualistischen Geist, Profitbegehren, ungestümes Verlangen nach dem Dollar herrscht in der öffentlichen Meinung. Jeder hofft, im Konkurrenzkampf mehr zu bekommen als sein Nachbar. In keinem Land ist der Drang nach Eigenprofit so unbändig und die Gelegenheiten so groß.

In den Vereinigten Staaten wird ein unsozialer Individualismus gelehrt. Jeder glaubt, er könne Präsident werden oder den Herrn spielen, oder sonst etwas Hohes erreichen, für das sein Gefährte untauglich sei. Jeder wird ermahnt, „seinen Weg zu machen", das heißt über die andern hinauszukommen. Er will auch nicht, daß andere ihn übertreffen, sein Ziel würde sonst bereitelt werden. Die Seelenverfassung, die sich hieraus ergibt, ist der Zusammenarbeit für das Wohl aller geradezu entgegengesetzt.

Die Genossenschaft hat es in den Vereinigten Staaten mit einer gemischten Bevölkerung zu tun. Fremdrassiges Volk mit verschiedenen Gewohnheiten und Sprachen läßt sich nicht immer, zum mindesten zuerst, zu einer Genossenschaft zusammenfassen.

Neben dem Problem der Einwanderung werden Schwankungen der Bevölkerung verursacht durch die Neuheit des Landes. Das Volk ist unstet. Es will nicht in der Nachbarschaft verbleiben, in der es geboren ist. Ruhelosigkeit ist für einen Amerikaner charakteristisch; das Volk hält nicht an einer Örtlichkeit fest. Das Vorhandensein einer Westgrenze, gegen die eine Ortsveränderung suchende Bevölkerung sich immer in Bewegung halten konnte, war ein Hindernis für die Stabilität, die für eine genossenschaftliche Organisation nötig ist. Ein Volk, das nicht lange in Fühlung mit den Nächsten steht, sondern immer fremde Nachbarn hat, entwickelt ein individualistisch argwöhnisches Wesen.

Die Zurückgebliebenheit der Genossenschaften in den Vereinigten Staaten ist auch der Tatsache zuzuschreiben, daß die Armut vom Reichtum überdeckt wird, daß die Flucht vor der Armut immer möglich scheint, wegen der Fülle an Reichtum. Die Armut ist noch nicht augenfällig, nicht ausgedehnt, nicht bewußt und nicht mutig, sich selbst zu nennen. Das Volk schämt sich noch der Armut und zieht es vor, sie lieber zu verbergen, als sie für ihr eigenes Wohl zu organisieren.

Der Gedanke, jedermann könne durch eigene selbständige Tätigkeit reich werden, hielt das Volk ab, sich in einem Plane zu vereinigen, der sich gründet auf ein Bekenntnis zu der Notwendigkeit gegenseitiger Hilfe, und bei dem die ersten Vergütungen so gering ausfallen, während die Anstrengungen so groß sind. Diese amerikanischen Verhältnisse sind eben die eines neuen wohllebenden Landes. Nur die Zeit kann hier etwas ändern.

Der eifrige Wettbewerb unter den privaten Händlern und der Reklameköder gewöhnten das Publikum an eine förmliche Jagd im Einkaufen und Feilschen, bis das die vorherrschende Form amerikanischen Verkehrs wurde. Während die Konkurrenz die Preise niederhält und es ermöglicht, angemessene Preise zu finden, treibt sie den Händler an, für seinen Geldsack jeden denkbaren Einfall zur Konkurrenz zu versuchen.

Die Vereinigten Staaten sind das Land des großen Gottes „Geschäft". Gesetze, wie Volkspsyche, sind auf das profitwirtschaftliche System eingestellt. Die einflußreichen Elemente in jeder Gemeinde sind die „Boards of Trade", die „merchant assoziations" und die „chambers of commerce". Diese Organisationen werden von den prominenten Bürgern gebildet. Sie beherrschen die Schule, die Presse und die öffentliche Denkweise wie alle Gewerbe; sie sind in jedem Distrikt vorhanden. Diese Körperschaften sind der Genossenschaftsbewegung natürlich entgegengesetzt. Jedes Mittel, das durch eine mächtige Organisation angewandt werden kann, um einen schwachen zu vernichten, wird von diesen Elementen ergriffen, um die genossenschaftlichen Zusammenschlüsse zu unterdrücken.

Ein anderes bedenkliches Hindernis des genossenschaftlichen Fortschritts bildet die Menge unechter „Genossenschafts"-Gesellschaften. Sie variieren von den wildesten und phantastischsten Plänen wohlmeinender Leute bis zum gerissensten Betrug. Diese Unternehmungen nehmen von der Arbeiterschaft Millionen Dollars, die der echten Genossenschaft feindlich bleiben. Während der letzten paar Jahre sind diese Unternehmungen besonders auffallend aufgetreten. Sie bekamen durch das wachsende Interesse der Allgemeinheit an Genossenschaften Kapital und betrogen das Volk durch erbärmliche Nachahmungen. Einige der Rädelsführer dieser Spekulationsgeschäfte kamen ins Gefängnis; die meisten aber gehen frei umher, organisieren und reorganisieren ihre schwindelhaften Bankerottpläne. Diese Organisationen verfolgen die Methode der Kettenläden. Die Absicht, die Verwaltung zu zentralisieren, schlägt in den Genossenschaften unweigerlich fehl. Sie gelingt im Profitgeschäft, aber in den Genossenschaften scheitert sie am Mangel an Demokratie, an Lokalinteresse und der Leistungsfähigkeit. Ausgesprochener Betrug ist auch eine gewöhnliche Ursache des Bankerotts. Der praktische Grund für Versagen selbst wohlmeinender Versuche der Zentralisation liegt in der zentralen Bureaukratie, die nicht nur nichts mit der genossenschaftlichen Theorie und Praxis zu tun hat, sondern auch die Mitglieder über ihr eigenes Geschäft und über die Genossenschaft überhaupt in Unkenntnis hält. Während der Zeit von 1919 bis 1923 sind zwölf dieser Zentralunternehmungen, die sich vom Atlantik bis zum Pazifik erstreckten, zusammengebrochen. Über 18 000 000 Dollar gingen während dreier Jahre in diesen Spekulationen verloren — durch Täuschung des Volkes, welches sie für genossenschaftsfördernd hielt. Aber noch härter als dies ist der geistige Verlust, den die Gesamtbewegung dadurch erleidet. Das ist die dunkelste Seite. Man sollte an diese denken, weil der Wunsch nach schnellen Ergebnissen, die Geringschätzung geduldiger Erziehung und die Achtung, welche die „Sucht, schnell reich zu werden" in den Vereinigten Staaten besitzt, ihr unheilvolles Wirken fortsetzen wird, wenn nicht das Volk im voraus gewarnt wird.

Da ist aber auch eine lichtere Seite. Vor 50 Jahren ergoß sich in die Vereinigten Staaten ein Strom Einwanderer aus Ländern mit guten Genossenschaftsbewegungen. Diese brachten nicht nur die Kenntnis dessen, was Heimatgenossenschaften leisteten mit, sondern auch einen genossenschaftlichen Geist. Daher lebten seit der Frühperiode über das Land zerstreut viele Genossenschaften fort. Einige davon datieren fast 40 Jahre zurück, einige nahezu 50 Jahre. Die Einwanderer haben die Genossenschaften unter diesen alten Gesellschaften gestärkt, so daß heute in fast jedem Teil des Landes Genossenschaftsläden zu finden sind. Seit 1916 breiteten sie sich stark aus, teils durch die Festigung und Ausdehnung der Industrie während des Krieges, teils durch das Hervortreten des Profitstrebens und die klar hervortretenden Mängel des kapitalistischen Wirtschaftsystems und teils durch die Arbeit des Genossenschaftsbundes („Co-operative League"), der die Erkenntnis der Grundlagen einer Genossenschaft förderte.

Die Farmer sind an den Genossenschaften der Vereinigten Staaten mehr als irgendeine andere Klasse beteiligt. Dies kommt teilweise von der Tatsache her, daß die Farmer bis 1921 die größte Klasse waren. Im Gegensatz zu England, Deutschland und den andern Industrieländern mit starker genossenschaftlichen Entwicklung, sind es nicht die Industriearbeiter, sondern die Farmer, die führend geworden sind. Viel Hilfe kam von der landwirtschaftlichen Bevölkerung, die aus Dänemark, Deutschland, Norwegen und Schweden und Finnland einwanderte. Aber auch altamerikanische Elemente haben in dieser

Entwicklung eine Rolle gespielt. Die Frühstärke der Genossenschafts=
bewegung lag in den ländlichen Gegenden und besonders bei den Ein=
heimischen. Indessen haben sich in den letzten Jahren die stärksten
und größten Organisationen in den Industriezentren entwickelt. Diese
Industrie= oder Stadtbewegung ist in ihrer Führerschaft vorwiegend
fremder Herkunft („Farmers Educational and Co-operative Union").

Die Erziehungs= und Genossenschafts=Union der Farmer hat sich
durch die Förderung der Genossenschaften große Verdienste erworben.
Diese Organisation entstand 1902 in Texas und hat sich neuerdings
in 30 Staaten ausgebreitet. Ihre erste Arbeit war, die Farmer zu
lehren, wie man sich als Produzent organisiert, um für sein Produkt
den günstigsten Preis zu erhalten. Aber sie übernahm bald auch für
dieselben Farmer den Aufklärungsdienst über die Führung von Ver=
teilungsgeschäften. Gewöhnlich wird die Konsumentenorganisation
als getrennte Unternehmung organisiert und kapitalisiert. Die Union
betreibt auch Produzentengenossenschafts= und Absatzunternehmungen
und unterscheidet sich dadurch von der „Co-operative League", welche
keine Erzeugergenossenschaften finanziert oder betreibt.

Ein allgemeines Bild der Verteilergenossenschaften in diesem
Land geben 1913 in den Neu=England=Staaten ungefähr 75 Organisa=
tionen. Einige sind jene alten Gesellschaften. Die meisten aber ent=
standen im gegenwärtigen Jahrhundert. Die größte Einzelgruppe ist
die in Eastern=Massachusetts mit etwa 30 Organisationen; die meisten
davon sind von Finnländern gebildet. Sie haben Läden, Restaurants,
Bäckereien und Molkereien. In den Middle=Eastern=Staaten bestehen
250 Konsumgenossenschaften, konzentriert hauptsächlich in Pennsyl=
vanien unter den Kohlen= und Eisenarbeitern und in New York City.
Die Zentralstaaten haben annähernd 100 Genossenschaften in Illinois.
Geringere Zahlen haben Ohio und Indiana. Die Mehrzahl der
illinoisischen Organisationen sind in den Gegenden der Kohlenberg=
werke. Genossenschaften dieser Art haben durchschnittlich 250 Mit=
glieder, einen Jahresumsatz von 160 000 Dollar und zahlen 2 bis
7 % vierteljährige Rückvergütung.

Im nördlichen Michigan, Wisconsin und Minnesota gibt es über
100 Genossenschaften vorwiegend von Skandinabiern zusammengesetzt.
Die „Co-operative Central Exchange at Superior" in Wisconsin ist
eine Großeinkaufsgesellschaft, von 50 dieser Organisationen gebildet.
Neben der Lieferung allgemeiner Waren verfertigt sie eine besondere

Brotart und Zwieback, was von den finnischen Vereinen benötigt wird. Diese Organisation unterhält eine Schule zur Übung genossenschaftlicher Arbeit. Ihre Erziehungsarbeit ist meistens wirkungsvoll.

Es gibt noch einige große Organisationen. Die meisten Genossenschaften in den Vereinigten Staaten haben weniger als 1000 Mitglieder. Zwei Genossenschaften im nördlichen Michigan, gegründet im Jahre 1890, überschreiten diese Zahl. Eine der erfolgreichen jüngeren Genossenschaften besitzt über 400 Mitglieder, hat ein eigenes dreistöckiges Steingebäude, betreibt eine Bäckerei, zwei Metzgereien und vier Spezerei-Zweiggeschäfte und hat einen Jahresumsatz von 300 000 Dollar.

Auf dem Gebiete der nördlichen und westlichen landwirtschaftlichen Staaten sind die Genossenschaften zerstreut. 1923 hatte Kansas 275 Konsumgenossenschaften, Nebraska ungefähr gerade soviel. Der Tauschverkehr der Farmer in Omaha ist der zentrale Großhandel von Nebraska. Diese Genossenschaften verteilen Saatgut, Mehl, Futter, Kohlen, Spezereiwaren, Kurzwaren, Kleidungsstücke, Metallwaren, Maschinen und alles mögliche sonst. Die „Kansas Union" brauchte für ihre Mitglieder 3 403 150 Pfund Schnur zum Binden der Ernte und 191 Waggons Kohlen.

In den Südstaaten gibt es einige zerstreute Organisationen, aber die Bewegung ist dort zurückgeblieben.

In den Pazifik-Staaten scheint der allgemeine Wohlstand des Volkes und die Neuheit der Gemeinwesen gegen das Genossenschaftsinteresse zu wirken. In Kalifornien existierten einzelne Organisationen im letzten Teil des 19. Jahrhunderts. Zentralisierungsmethoden mit schlechter Geschäftsleitung verursachten im Jahre 1922 Bankerotte. Während der letzten Jahre kamen in den Ozeanstaaten einige unabhängige Genossenschaften auf. Dieser Kern läßt auf eine gesunde Entwicklung hoffen.

Gewisse Rassegruppen nehmen an der Ausdehnung der Genossenschaften in den Vereinigten Staaten regen Anteil. Eine Gruppe, deren Tüchtigkeit und Treue hervorragt, ist die der Finnen. Ihre Genossenschaften in New-England und den Nordstaaten haben Erfolg. Andere Rassegruppen, die zum Genossenschaftsbau dieses Landes beitragen, sind Engländer, Schotten, Deutsche, Skandinabier, Juden, Italiener, Böhmen, Polen, Slowaken und Balkanvölker. Viele Genossenschaften sind ausschließlich oder größtenteils von diesen verschiedenen Gruppen gebildet. Die meisten gemeinnützigen Genossenschaftsunternehmungen in den Vereinigten Staaten sind Detailgeschäfte. Es sind etwa 3000 mit einer Gesamtmitgliederzahl von ungefähr 750 000, mit einem Gesamtumsatz von jährlich 100 000 000 Dollar. Sie haben viele Schwierigkeiten. Es ist möglich, daß die größere Entwicklung der Genossenschaft in diesem Land auf anderen Gebieten vor sich gehen muß.

Genossenschaftsbäckereien sind besonders durch die Juden in Schwung gekommen, obwohl auch viele nichtjüdische Genossenschaften Bäckereien haben. Es gibt eine Bäckereigenossenschaft in New York, zwei in New Jersey und eine in Michigan — jede mit mehr als 1000 Mitgliedern. Die Bäckereien sind sehr erfolgreich.

Der Hausbau durch genossenschaftliche Gesellschaften hat sich in jüngster Zeit eingebürgert, immer mit befriedigenden Resultaten. Das ist ein Gebiet, auf dem die Genossenschaft dringend nötig ist und auf dem sie dem Volke dieses Landes am wirksamsten dienen könnte.

Der Milchvertrieb hat sich vor kurzem wirksam entwickelt. Einige Genossenschaften in Massachusetts schlossen mit den Farmern Lieferungsverträge; sie sammeln die Milch, verarbeiten sie in eigenen Molkereien, füllen sie in Flaschen und geben sie ab. Eine der größten und erfolgreichsten Genossenschaftsunternehmungen in den Vereinigten Staaten ist die „Franklin Co-operative Creamery Assoziation", 1920 gebildet. Sie hat über 2000 Mitglieder. Sie verteilt Milch und verfertigt Butter und Gefrorenes. Sie hat 142 Wagen und 286 Angestellte und hat einen Jahresumsatz von 3 000 000 Dollar. Sie wächst beständig und liefert nach Mineapolis City bereits mehr als die Hälfte der dort gebrauchten Milch, verbessert den Nährwert und die Reinheit der Milch, verbilligt den Verbraucherpreis und erhöht den Preis, den sie den Farmern bezahlt. Die Berichte des Gesundheitskommissars von Minneapolis zeigen zum Beispiel einen Rückgang der Sterblichkeitsziffer als Ergebnis der Milchkontrolle durch die „Franklin Assoziation". In Minneapolis sind diejenigen neubelebt, die ohne die Milchkontrolle des genossenschaftlichen Eigenbetriebs tot sein würden.

Die genossenschaftlichen Kredit- und Bankgesellschaften machen Fortschritte. Massachusetts und New York haben ungefähr 150 solche Genossenschaften. Zehn andere Staaten haben Genossenschaftsbankgesetze. Einige der großen Arbeiter-Unionen haben in dieser Hinsicht stark fördernd gewirkt.

Unter den Farmern in den Mittel-West-Staaten gibt es mehr als 300 genossenschaftliche Telephon-Gesellschaften. Einige davon existierten schon vor über 30 Jahren. Die Farmer selbst stellten Pole und Drähte und verlegten oft die Zentrale in ein Farmerhaus, wo sie durch Frau oder Tochter bedient wurde.

Unter den Genossenschaftsrestaurants ist „Our Cafeteria" ein bemerkenswerter Erfolg. Es hat drei Restaurants in New York City und zahlt 9% Rückvergütung.

Andere Formen der Genossenschaft in den Vereinigten Staaten sind: Lebens- und Feuerversicherungen, wandernde Gemäldeausstellungen, Waschhäuser, Pensionshäuser, Hotels, Erholungsklubs, Schulen und Arbeitsvermittlungen.

Die Vereinigten Staaten haben keine nationale Großeinkaufsgesellschaft. Es gibt einige genossenschaftliche Bezirksvereinigungen zum Zweck des Großhandels. Die „Co-operative League" der Nordstaaten unterhält die Schule für die Pflege genossenschaftlicher Arbeit. Dieses Erziehungswerk wird durch finnische Genossenschafter angeregt und gefördert.

In den europäischen Ländern haben die Katholiken ihre eigenen Genossenschaften, von denen der Sozialisten und Protestanten getrennt; aber in den Vereinigten Staaten ersteht keine Trennung. Die Katholiken sind mit den anderen Klassen in Genossenschaften vereinigt. Sollte Amerika fähig sein, der Welt die ersten Zeichen einer nationalen Bewegung zu geben, alle Elemente einigend, ohne weltanschauliche oder politische Zerklüftung?

Der Mangel an einer nationalen genossenschaftlichen Organisation verursachte alle Unzulänglichkeiten in diesem Land. Um diesem Übel zu begegnen, wurde 1915 die „Co-operative League" gegründet und 1916 in Betrieb gesetzt mit dem Hauptlager in New York City. Diese Organisation sammelt alle möglichen Nachrichten bezüglich der Genossenschaft in den Vereinigten Staaten; sie beobachtet Fehlschläge und Erfolge, veröffentlicht Berichte, gibt Ratschläge, normiert Methoden, schafft gewisse Regeln der genossenschaftlichen Tätigkeit, bereitet Genossenschaftsstatuten vor, entwirft Gesetzesvorlagen, um sie in gesetzgebenden Körperschaften einzubringen, unterstützt eine günstige Gesetzgebung, sendet Berater zu den Genossenschaften, veranstaltet Aufklärungsvorträge, bereitet Lehrkurse vor, unterhält eine Schule, veröffentlicht Bücher, Flugschriften und Zeitungen; sie unterstützt die praktische Genossenschaft in jeder möglichen Art. Die „League" ist ein Bund genossenschaftlicher Gesellschaften, geleitet durch die organisierten Mitgliederschaften. Gerade das Beste und Zuverlässigste einer Genossenschaft sind ihre Mitglieder. „Distrikt-Leagues" oder Unions werden auch unter ihrer Leitung gebildet. Durch die „League" ist die Bewegung in den Vereinigten Staaten mit dem Internationalen Genossenschaftsbund verbunden. Der erste nationale Genossenschaftskongreß wurde unter der Leitung der „Co-operative League" 1918 in Springfield (Illinois) abgehalten, der zweite Kongreß war in Cincinnati (Ohio) 1920, und der dritte Kongreß in Chicago 1923.

Die grundlegende Erziehungsarbeit, welche die „League" leistet, ist dringend nötig. Die Zeit der Propaganda ist vorüber. Was nottut ist planmäßige Schulung und praktische Führung, gestützt auf die maßgebenden Grundsätze der Genossenschaft. Diese Bewegung hat sich so wirksam eingelebt, daß der Erfolg und Mißerfolg vorhergesehen und beeinflußt werden kann.

Die Genossenschaft in den Vereinigten Staaten wird einen schwierigen Weg haben, da das Profitgeschäft herrscht. Aber grundlegende ökonomische Wandlungen sind im Anzug. Die Rettung des Volkes muß durch eine von zwei Methoden vor sich gehen: durch Leiden, vielleicht verbunden mit blutiger Revolution, oder durch Erziehung. Welche das Volk dieses Landes auf dem Wege seiner Befreiung gebrauchen wird, bleibt abzuwarten. Wenn es den Weg der Erziehung und der Evolution gehen würde, würde die Genossenschaftsbewegung führen können.

Der Internationale Genossenschaftsbund.

Von
V. Totomianz, Prag.

Der älteste und größte Genossenschaftsbund, der die Genossenschaften verschiedenster Arten der ganzen Welt vereinigt, ist der Internationale Genossenschaftsbund, welcher den 19. August 1895 errichtet wurde[1]. Die von Robert Owen im Jahre 1835 gestiftete "Association of all Classes and all Nations" kann als ihr ideologischer Vorgänger gelten. Der Zweck des von R. Owen gegründeten Bundes war ungefähr derselbe wie der des uns interessierenden Bundes, d. h. die genossenschaftliche Vereinigung aller Klassen und Nationen. Die "Association" erfüllte aber nicht ihren Zweck, verblieb eine rein englische Veranstaltung und beendete bald ihre Existenz.

Viel Mühe hat den englischen und französischen Genossenschaftern die Gründung des Internationalen Genossenschaftsbundes gekostet. Die Ehre der Gründung des Internationalen Genossenschaftsbundes gehört einer ganzen Reihe von Personen, unter anderen den Engländern E. Vansittart-Neale, G. Holyoake, E. O. Greening, den Franzosen E. de Boyve und Charles Robert und dem Italiener F. Vigano.

Diese Urheber der Gründung des Internationalen Genossenschaftsbundes legten diesem den Hauptgedanken zugrunde, nämlich den Gedanken der Notwendigkeit der Umbildung der Industrie, nicht nur der kapitalistischen, sondern auch der genossenschaftlichen, auf dem Grundsatz der Beteiligung der Arbeiter und Beamten zuerst nur am Gewinn, nachher auch am Besitz und an der Verwaltung der Unternehmung. E. Vansittart-Neale, G. Holyoake und O. Greening nannten diese Art der friedlichen Umbildung der Industrie, die diese von den Streiks befreit, "co-partnership-System", das sich nicht auf die Teilnahme der Arbeiter am Gewinn beschränkt, wie der Franzose Ch. Robert dies wünschte, sondern viel weiter geht. Der Internationale Genossenschaftsbund war von den genannten Personen fast ausschließ-

---

[1] Eine eingehende Darstellung des Internationalen Genossenschaftsbundes ist von Dr. Hans Müller im Jahrbuch der Internationalen Genossenschaftbewegung, Jahrgang 1910, gegeben worden. Hier kann er aus Raummangel nur in größter Kürze behandelt werden.

lich zur Verbreitung des Systems der co-partnership nicht nur unter den Genossenschaften, sondern auch unter den Kapitalisten errichtet. Vansittart-Neale, Holyoake und Greening waren mit der Richtung, die die Konsumvereine und ihre Verbände der genossenschaftlichen Produktion beigelegt hatten, nicht zufrieden. Der Internationale Genossenschaftsbund sollte daher einen Druck auf die englischen Konsumvereinsführer ausüben, damit diese zu den Prinzipien des wahren Genossenschaftswesens zurückkehren, wo es keine Gegensätze zwischen den Arbeitern und den Arbeitgebern gibt. Es handelt sich hier darum, daß in den Unternehmungen der Konsumvereine, unter dem Einfluß der Christlich-Sozialen, besonders aber Vansittart-Neales, zuerst dem System der Gewinnbeteiligung große Bedeutung beigelegt wurde, später aber eine Theorie entstand, nach der die Arbeiter in den Produktivabteilungen der Konsumvereine kein Recht auf den Gewinn haben, da sie Mitglieder der Konsumvereine sind und als solche schon eine Dividende auf ihre Einkäufe bekommen. Als im Jahre 1895 endlich der Internationale Genossenschaftsbund errichtet wurde — dank Vansittart-Neale, der die fremden Sprachen so gut kannte, wie nur selten ein Engländer, und die Genossenschaftskongresse im Ausland besuchte, viele Freunde unter den Genossenschaftern hatte —, wurde nicht Vansittart-Neale, der unlängst gestorben war, sein Haupt, sondern ein anderer Engländer, Henry Wolff, der die Sympathien Vansittart-Neales für co-partnership teilte und noch mehr Sprachen kannte als Vansittart-Neale. Wie Vansittart-Neale, so war auch Wolff ein reicher Mann und konnte sein eigenes Geld ausgeben, wenn es sich um den Internationalen Genossenschaftsbund handelte. Wolff unternahm einigemal Reisen auf eigene Kosten in die Hauptstaaten Europas, um dem Internationalen Genossenschaftsbund Mitglieder zu werben. Der Internationale Genossenschaftsbund verdankt ihm, daß die größten deutschen Genossenschaftsverbände sich ihm anschlossen. Wolff kannte sehr gut die deutsche Sprache, die deutsche Landwirtschaft und das deutsche Genossenschaftswesen, da er vormals die Universitäten in Bonn und Heidelberg besucht hatte und einige Zeit sich in Deutschland mit Landwirtschaft beschäftigte. Als er später Präsident des Internationalen Genossenschaftsbundes wurde, trachtete Wolff, ungeachtet seiner gemäßigten politischen Überzeugungen, in den Bund auch Sozialisten einzuführen, da er von Anfang an alle Regenbogenfarben in den Internationalen Bund aufgenommen hatte.

Der Bund konstituierte sich auf dem Kongresse in London; dabei zog der Kongreß nicht nur das co-partnership-System in Betracht, sondern auch alle Genossenschaftsformen und sogar die Frage der internationalen Handelsbeziehungen zwischen der städtischen und der ländlichen Genossenschaft. Die Hauptpunkte der Statuten des Bundes waren: der Bund dürfe keiner politischen Partei angehören, er müsse politischen und religiösen Streitigkeiten fernstehen und müsse seine Beschlüsse mit Hilfe der internationalen Bundesorganisationen durchführen. In die erste Verwaltung des Bundes wurden die Vertreter Großbritanniens, Belgiens, Frankreichs, Italiens, Deutschlands und der nordamerikanischen Vereinigten Staaten gewählt. Wir werden nur die bekanntesten von ihnen nennen: J. C. Gray, E. O. Greening, Graf Grey, A. Williams, H. Wolff, de Boyve, Ch. Robert, Kergall, L. Luzzatti, H. Crüger und Nelson. Außer J. C. Gray, Sekretär des englischen Genossenschaftsbundes, und Kergall, Vertreter der landwirtschaftlichen Syndikate Frankreichs, waren alle genannten Personen Anhänger des co-partnership-Systems. Deshalb beteiligen sich anfangs an der Organisation des Internationalen Genossenschaftsbundes nicht nur Genossenschafter, sondern auch Industrielle, wie z. B. der Amerikaner Nelson, der die soziale Frage mit Hilfe der co-partnership zu lösen strebte. Die Beteiligung des britischen Genossenschaftsbundes ging gegen dieses Prinzip, aber sicherte dem Internationalen Genossenschaftsbund die Anteilnahme der Konsumvereine, die reich an Mitteln waren.

Dem Geiste der Organisation zufolge nahmen am Bunde nicht nur die Genossenschaften teil, sondern auch Personen, die die Prinzipien der co-partnership verbreiteten oder sie in der Praxis durchführten. In den Statuten war der Zweck des Bundes folgendermaßen formuliert: „Der Bund hat den Zweck, das Genossenschaftswesen und die Gewinnbeteiligung in allen Formen zu verbreiten."

Der zweite Kongreß des Internationalen Genossenschaftsbundes fand am 20. Oktober 1896 in Paris statt, und es kamen dazu 255 Genossenschaftsdelegierte, darunter auch Vertreter von landwirtschaftlichen Syndikaten und Privatfirmen, die die Gewinnbeteiligung eingeführt hatten. Auf diesem Kongreß war Frankreich sehr gut vertreten, besonders seine Produktivgenossenschaften; aber auch die anderen Staaten bezeugten dem Kongresse großes Interesse, so, daß aus Großbritannien 27 Delegierte, aus Italien 8, aus Holland 7, aus

Belgien 4, aus Deutschland und Spanien je 2, aus der Schweiz und aus Rußland je 1 Delegierter ankamen. Dank der Freigebigkeit des Grafen Chambrun, Gründers des „Musée sociale", der nicht nur 10 000 Fr. für die Herausgabe der ersten Genossenschaftsstatistik gestiftet, sondern auch den Mitgliedern des Kongresses gegenüber sich als freigebiger Gastherr gezeigt hatte, ließ die Außenseite des Kongresses nichts zu wünschen übrig. Auch in den Berichterstattungen kann man mehr Leben als auf den vorigen Kongressen bemerken. Die Hauptfragen des Kongresses waren immerhin die Gewinnbeteiligung und das co-partnership-System.

Die eifrigen Gönner dieses Systems wollten die Gewinnbeteiligung vorschreiben, was einen Bruch hervorgerufen haben würde; aber diesem wurde durch den Vorschlag des französischen Fabrikanten Laroche Joubert vorgebeugt, der die Gewinnbeteiligung in seiner Papierfabrik in Angoulême eingeführt hatte und dessenungeachtet den Ausspruch tat, daß die Gewinnbeteiligung wünschenswert, aber nicht vorgeschrieben sein dürfe.

Es ist zu bemerken, daß auf diesem Kongresse diejenigen Sozialisten zum erstenmal auftraten, welche zu dieser Zeit in Belgien und in Frankreich Konsumvereine zu stiften begonnen hatten, indem sie diese den Zwecken des Klassenkampfes unterwarfen. Gleich hier auf dem Kongresse war der Unterschied zwischen den reinen Genossenschaftern und den Genossenschaftern, die dabei Sozialisten waren, ersichtlich; die letzteren begannen gerade zu dieser Zeit, das Genossenschaftswesen in Belgien und in Frankreich ernstlich zu verbreiten, aber sie stellten es zugleich in den Dienst der ihm fremden Parteiziele.

Auf demselben Kongresse machte de Boyve den Vorschlag, in jedem Lande besondere Komitees zu gründen, die die Presse dahin brächten, daß sie dem Genossenschaftswesen möglichste Aufmerksamkeit widmen möge. Es ist zu bedauern, daß dieser Vorschlag bis jetzt nicht ins Leben durchgeführt worden ist. Ein anderer Delegierter machte den originellen Vorschlag — im Geiste Ch. Gides —, man möge eine internationale Genossenschaftsfahne, in allen Regenbogenfarben spielend, annehmen. Ferner machte man auch den Vorschlag, in der ganzen Welt einen Genossenschaftsfesttag einzuführen, was aber bis jetzt noch nicht geschehen ist, obgleich diese Frage wieder unlängst aufgeworfen wurde, nämlich im Frühjahr 1922 in der Sitzung des Komitees des Bundes in Mailand.

In das auf dem Kongresse gewählte Zentralkomitee traten folgende neue Personen ein: die Häupter des französischen landwirtschaftlichen Genossenschaftswesens E. Rostand und Graf Rocquigny, dann Luzzatti, der Vater der italienischen Kreditgenossenschaft; die Häupter der deutschen Genossenschaft Dr. H. Crüger, Haenecke und Dr. Habenstein; die Vertreter der schweizerischen Konsumvereine und der landwirtschaftlichen Genossenschaft J. Fr. Schär und Abt und der Vertreter der österreichischen Genossenschaften K. Wrabetz.

Auf demselben Kongresse wurde H. Wolff zum Präsidenten des Internationalen Genossenschaftsbundes gewählt; außerdem wählte man die Direktion, die nur aus Engländern bestand.

Der nächste Kongreß des Internationalen Genossenschaftsbundes fand in Delft in Holland am 14. September 1897 statt. Der holländische Großindustrielle Van Marken, der in seinen Unternehmungen die Gewinnbeteiligung eingeführt hatte, empfing mit der größten Gastfreundschaft die Mitglieder des Kongresses, deren Zahl geringer als die des Pariser Kongresses war.

Die Hauptfrage dieses Kongresses war wohl die Erneuerung der Handelsbeziehungen der verschiedenen Länder. Im Zusammenhang damit äußerten die Vertreter der französischen landwirtschaftlichen Syndikate ihren Unwillen über die Untätigkeit der am vorigen Kongresse gewählten Kommission für Handelsbeziehungen und schlugen die Gründung einer Genossenschaftsbörse in Paris vor, zur permanenten Ausstellung der Artikel der landwirtschaftlichen und städtischen Produktivgenossenschaften. Dieser vielversprechende Gedanke ist leider bis jetzt nicht verwirklicht worden.

Der Delfter Kongreß war der letzte, wo die Gönner des Systems der Gewinnbeteiligung das Wort führten. Nach und nach wurden sie durch die Vertreter der Konsumvereine verdrängt, nämlich durch die von Wolff in den Bund eingeführten Vertreter der deutschen und schweizerischen Konsumvereine und der französischen sozialistischen Konsumvereine. Auch der Tod Ch. Roberts und des Grafen Chambrun schwächte die Gönner der Gewinnbeteiligung. In der Person Ch. Roberts verließ den Kampfplatz der größte Gegner des Sozialismus.

Der im Juli 1902 in Manchester eröffnete Kongreß des Internationalen Genossenschaftsbundes äußerte den Wunsch, der Bund möge nur aus Genossenschaften, nicht aus Einzelpersonen bestehen. Nur aus solchen Ländern, wo das Genossenschaftswesen nicht entwickelt war, erlaubte man, einzelne Personen als Mitglieder aufzunehmen. Dagegen sprach sich aufs entschiedenste G. Holyoake aus, der, nicht ohne Grund, behauptete, daß ein solcher Beschluß manchem hervorragenden Reformator, der kein Mandat hatte, die letzte Möglichkeit nähme, im Bunde mittätig zu sein, wogegen ein etwaiger ungebildeter Vertreter eines Konsumvereins, durch diesen Verein gewählt und mit einem Mandat versehen, dieses Recht besaß. Um diese Erwiderung Holyoakes zu verstehen, muß man sich erinnern, daß Holyoake und Greening in Opposition zu den Häuptern derjenigen Konsumvereine standen, die das System der co-partnership nicht einführten. Auf diesem Kongresse siegten die Führer der Konsumvereine, und dies bewog dann einige Verwaltungsmitglieder, Gönner der co-partnership, auszutreten; statt ihrer wurden Heinrich Kaufmann, Sekretär des Zentralverbandes der Konsumvereine Deutschlands, S. Högsbro, Führer der dänischen Genossenschaften, V. Serwy, Vertreter der sozialistischen Konsumvereine Belgiens, und C. Helies, Vertreter der sozialistischen Konsumvereine Frankreichs, gewählt.

Was die Finanzseite anbelangt, gewann der Bund infolge der Mitgliedschaft der Konsumvereine; doch führte dies zum Erweitern des Bruches im Internationalen Genossenschaftsbund und zur Verminderung der Zahl seiner Mitglieder. Dies geschah auf dem Budapester Kongresse des Internationalen Genossenschaftsbundes im September 1909, der sehr zahlreich besucht war. Der Reichsbund der landwirtschaftlichen Genossenschaften, der Raiffeisenbund und der Zentralverband der Konsumvereine Deutschlands sandten zum erstenmal ihre Delegierten zu diesem Kongresse. Außer den zahlreichen ungarischen, englischen, österreichischen und französischen Delegierten kamen zum erstenmal die — weder vor, noch nach dem Budapester Kongresse anwesenden — Vertreter der Balkanstaaten. Gut vertreten waren auch Dänemark, Italien, die Schweiz und Rußland.

Bevor wir zu den Referaten und den Erörterungen des Budapester Kongresses übergehen, wollen wir einige statistische Daten über den Bestand der Mitglieder des Internationalen Genossenschaftsbundes zur Zeit des Budapester Kongresses anführen. Der Internationale Genossenschaftsbund zählte 547 Mitglieder aus 24 Staaten; davon 342 Konsumvereine, 58 Produktivgenossenschaften, 28 landwirtschaftliche

Genossenschaften, 12 Kreditgenossenschaften, 21 verschiedenartige Genossenschaften, 65 Genossenschaftsbünde, 6 Großeinkaufsgesellschaften der Konsumvereine und 15 individuelle Mitglieder. Aus dieser Statistik ersehen wir die Übermacht der Konsumvereine und ihrer Verbände und die verminderte Zahl individueller Mitglieder, Gönner des co-partnership-Systems.

Die größte Aufmerksamkeit widmete der Budapester Kongreß dem Referat des Vertreters des Bundes des Verbandes schweizerischer Konsumvereine Dr. Hans Müller über die Tätigkeit der Konsumvereine auf dem Lande. Der Referent begnügte sich nicht mit der sachlichen Auslegung, sondern betonte in seiner glänzenden Rede die soziale Bedeutung der Konsumvereine, die berufen seien, die kapitalistische Art der Verteilung und der Produktion zu ersetzen. Die Rede rief keine Erwiderung von seiten der ungarischen Genossenschafter hervor, die meistens Gutsbesitzer waren, und auch nicht von seiten des Vaters des ungarischen Genossenschaftswesens, des Grafen A. Karolyi, der in seiner Rede bei der Eröffnung des Kongresses das Genossenschaftswesen als ein Mittelding zwischen dem Kapitalismus und dem Sozialismus bezeichnet hatte. Die deutschen Genossenschafter jedoch — Hans Crüger und Karl Wrabetz voran — stimmten nicht mit dem Redner überein; sie meinten, seine Theorie sei der genossenschaftliche Sozialismus, und daher wohne ihr das Bestreben, die Konsumvereine in eine Waffe des Kampfes umzugestalten, inne. Die Mehrzahl der Anwesenden auf dem Kongresse fanden die Ideen Dr. Hans Müllers nicht so gefährlich, und dies gab bedauerlicherweise Anlaß zum Austreten aus dem Internationalen Bunde nicht nur der Verbände Crügers und Wrabetzs, sondern auch anderer deutschen Verbände, nämlich der landwirtschaftlichen und der Kreditgenossenschaftsverbände. Alle Mühe des Vorsitzenden, Henry Wolff, die Unzufriedenen im Internationalen Genossenschaftsbunde zu erhalten, war vergeblich, um so mehr, da er von seiten der anderen angesehenen Verwaltungsmitglieder nicht unterstützt wurde. Die wichtigste Ursache des Austretens der deutschen Großbünde aus dem Internationalen Genossenschaftsbunde war hauptsächlich deren innere Zerspaltung infolge des Ausscheidens der Konsumvereine und deren Vereinigung in einen besonderen Bund und wegen mangelhafter Einhaltung der politischen Neutralität. Nun, da sich die Beziehungen zwischen den Verbänden im Innern Deutschlands dermaßen gebessert haben, daß sie Ende 1921 einen vereinigten Ausschuß gebildet haben, in dem sich die vormaligen Gegner, H. Kaufmann und H. Crüger, freundschaftlich begegnen, liegen keine Hindernisse vor, die dem Bunde Crügers im Wege ständen, wieder in den Internationalen Bund einzutreten.

Das Referat des Vertreters der französischen landwirtschaftlichen Genossenschaften, des Grafen Rocquigny, in welchem er die Hilfe des Staates zur Entwicklung des Genossenschaftswesens für notwendig erachtete, fand keinen Anklang inmitten der zahlreichen Vertreter der Konsumvereine. Dieser Vorschlag gab auch Anlaß, daß aus dem Internationalen Genossenschaftsbund die landwirtschaftlichen Genossenschaften Österreichs und Deutschlands austraten, die dann drei Jahre später, zusammen mit dem französischen, einen besonderen Internationalen Bund der landwirtschaftlichen und Kreditgenossenschaften gebildet haben. Dieser Bund beendete seine Existenz infolge des Krieges. Nach dem Kriege hat sich ein anderer Internationaler Genossenschaftsbund gebildet; doch ist dieser katholisch, und deshalb finden die protestantischen oder gemischten Verbände Deutschlands in ihm keinen Platz, während sie sich sehr gut dem Internationalen Genossenschaftsbunde einverleiben könnten, von dem wir berichten.

Aus dem Vorhergehenden können wir den Schluß ziehen, daß, obgleich die wachsende Zahl der Vertreter der Konsumvereine und besonders der Sozialisten den Internationalen Genossenschaftsbund in materieller Hinsicht gestärkt hatte, sie die gemäßigten Genossenschafter erschreckte, und ihr Austreten aus dem Bunde war die Ursache, daß die Vertreter der Konsumvereine noch mehr Übermacht gewannen. Der Präsident des Bundes, Wolff, der mit der größten Unparteilichkeit Sozialisten wie Nichtsozialisten in den Bund heranzog, hatte keine so traurigen Folgen erwartet, und als auf dem nächsten Internationalen Kongresse in Cremona das Ausscheiden nicht aufhörte, verzichtete Wolff — der der ganz richtigen Meinung war, daß der Internationale Genossenschaftsbund alle Formen der Genossenschaften vereinigen sollte — auf das Präsidium.

Es kostete dem Präsidenten des in Cremona 1907 eröffneten Internationalen Genossenschaftskongresses, L. Luzzatti, ungeachtet seiner Rednergabe und Gewandtheit, ungemein viel Mühe, den Kongreß in den Grenzen der Parteilosigkeit und des friedlichen Debattierens zu erhalten.

Der Internationale Genossenschaftsbund.

Die interessantesten Reden — außer der Eröffnungsrede von Luzzatti, der das Genossenschaftswesen verschiedener Staaten als Teile der Genossenschaftsharmonie der ganzen Welt schilderte — waren die Vorträge von S. Högsbro über die Organisation des dänischen landwirtschaftlichen Genossenschaftswesens und der Vortrag der Frau Trenb-Cornaz über die Tätigkeit der Frau in den Konsumvereinen. Außerdem fesselte die Aufmerksamkeit der Mitglieder des Kongresses der Vortrag des Führers des schottischen Genossenschaftswesens, W. Maxwell, über die Bedeutung der Großeinkaufsgesellschaften der Konsumvereine. Auf diesem Kongresse wählte man an Stelle von H. Wolff, der abgesagt hatte, als Präsidenten W. Maxwell, der in Großbritannien eine große Autorität besaß, der aber leider keine Fremdsprache kannte. Dieser Mangel war jedoch dadurch wieder gutgemacht, daß der Gönner der „co-partnership" und liberale Abgeordnete A. Williams als Vizepräsident gewählt wurde; er kannte die Sprachen und hatte dem Bund große Dienste erwiesen, die jedoch leider durch sein Austreten während des Krieges unterbrochen wurden.

Außerdem erwarb der Internationale Genossenschaftsbund in der Person seines neuen Sekretärs, Dr. Hans Müller, eine tüchtige Arbeitskraft.

Es ist sehr zu bedauern, daß Dr. Hans Müller auf diesem Posten nur einige Jahre verblieb; aber sogar während dieser kurzen Zeit — dank seiner hervorragenden Tätigkeit und seiner großen Kenntnisse — wurde das Internationale Genossenschaftsbulletin in drei Sprachen — der englischen, deutschen und französischen — herausgegeben, sowie auch zwei Jahrbücher, das erste im Jahre 1910, das zweite 1911. Im ersten Jahrbuch erschien unter anderem Müllers ausführliche Geschichte des Internationalen Genossenschaftsverbandes bis zum Kongresse in Cremona; im zweiten Jahrbuch offenbarte er sozusagen den Engländern die Bedeutung W. Kings als ersten Theoretikers des Genossenschaftswesens.

Der folgende Kongreß, der in Hamburg im September 1910 stattfand, war von Hans Müller organisiert, mit Hilfe von H. Kaufmann, Generalsekretär des Zentralverbandes deutscher Konsumvereine; dieser Kongreß war sehr zahlreich besucht und sehr reich an verschiedenartigen Referaten. Nicht nur die Fragen der Konsumvereine, sondern auch diejenigen, die das Bauwesen, das landwirtschaftliche und Handwerker-Genossenschaftswesen betrafen, wurden in vollem Umfange be-

sprochen. Die treuen Freunde des Internationalen Genossenschafts=
bundes, Vertreter des dänischen landwirtschaftlichen Genossenschafts=
wesens, gaben ein lebhaftes Bild der außerordentlichen Entwicklung
der landwirtschaftlichen Genossenschaft in Dänemark. Das Referat
A. Nielsons über das dänische landwirtschaftliche Genossenschaftswesen
war durch das Referat A. Andersons über das landwirtschaftliche
Genossenschaftswesen in Irland vervollständigt.

Professor H. Albrecht referierte über die deutschen Genossen=
schaften, und über die englischen Henry Vivian, wobei die neue
Frage der städtischen Gärten berührt wurde.

Aber die größten Auseinandersetzungen rief das Referat des Dr.
Hans Müller über Gegenwart und Zukunft der Genossenschaftsbewe=
gung hervor. Der Referent betonte unter anderem die Bedeutung der
Ethik in dem Genossenschaftswesen; er lenkte die Aufmerksamkeit auf
die Notwendigkeit der politischen Neutralität und auf die Unzuläsig=
keit des Klassenstandpunktes in dem Genossenschaftswesen. An den
Erörterungen beteiligten sich der bekannte Soziologe Professor Dr.
F. Tönnies, ein tiefer Theoretiker des deutschen Konsumvereinswesens,
Professor Dr. F. Staudinger, der Redakteur H. Peus, H. Fleißner
und der Verfasser dieses Artikels. H. Peus und H. Fleißner kritisierten
vom Marxistischen, also Klassenstandpunkte aus den Vortrag Hans
Müllers. Professor Staudinger und besonders der Verfasser dieses
Artikels unterstützten und entwickelten den Gesichtspunkt Müllers.

Auf dem Hamburger Kongresse wurden die neuen Statuten des
Internationalen Genossenschaftsbundes gebilligt, in denen der Absatz
über die politische und religiöse Neutralität des Bundes unberührt ge=
lassen wurde; aber zwei große Änderungen wurden eingeführt: erstens
war aus den Statuten die Verbreitung der Gewinnbeteiligung ge=
strichen, und zweitens waren die Rechte der individuellen Mitglieder
beschränkt. In Hamburg gestattete man, einzelne Personen als Ehren=
mitglieder des Bundes aufzunehmen, im Falle sie dem Genossenschafts=
wesen große Dienste erwiesen hatten; aber das aktive Stimmrecht wurde
ihnen genommen.

Der nächste Kongreß des Internationalen Genossenschaftsbundes
versammelte sich im August 1913 in Glasgow. Die Hauptvorträge
waren: das Referat H. Kaufmanns über den direkten Güteraustausch
zwischen konsumgenossenschaftlichen, landwirtschaftlichen und anderen
Produktivgenossenschaften und der Vortrag A. Williams' über die An=

knüpfung engerer Beziehungen, sowie die gegenseitige Unterstützung der verschiedenen Genossenschaftsarten. Kaufmann schilderte die theoretische und faktische Lage des Warenaustausches zwischen den verschiedenen Arten der Genossenschaften in allen Ländern, und Williams betonte die Verwandtschaft verschiedener Formen der Genossenschaften und die Wichtigkeit des Systems der co-partnership, ungeachtet dessen, daß dieses System aus den neuen Statuten des Bundes ausgeschlossen war. Der Verfasser dieser Zeilen unterstützte Williams, indem er verschiedene Länder als Beispiel anführte, besonders Rußland, wo verschiedene Formen der Genossenschaften gut miteinander auskommen, sogar gemeinschaftliche Kongresse veranstalten.

Außerdem hielt Herr Dr. O. Schär einen Vortrag über die Entwicklung der genossenschaftlichen Presse, und aus seinem Referat erhellte, daß die Genossenschaftspresse nur in Großbritannien und in der Schweiz entwickelt ist. Zu diesen Ländern sollte Schär noch Rußland hinzufügen; doch hatte er über Rußland keine präzisen Daten.

Der letzte Kongreß des Internationalen Genossenschaftsbundes fand in Basel im August 1921 statt und wurde von zwei internationalen Erscheinungen begleitet: der internationalen Genossenschaftsschule und dem internationalen Kongreß der Frauengenossenschafter. Der Hauptfragen des Kongresses waren: die Frage des internationalen Friedens, wobei Ch. Gide als Referent auftrat, und die Frage der wünschenswerten Wirtschaftspolitik, über die zwei Referenten sprachen: Albert Thomas und A. Oerac. Was die zweite Frage betrifft, verhielt sich der Kongreß zu dem Protektionismus, der jetzt praktiziert wird, ablehnend. Außerdem hielt Kaufmann einen Vortrag über die Beziehungen zwischen dem Bunde und der geplanten internationalen Großeinkaufsgesellschaft.

Bedauernswert ist aber, daß es auf dem Baseler Kongresse weder gelungen ist, eine internationale Genossenschaftsbank noch eine internationale Großeinkaufsgesellschaft zu gründen. Die englischen Delegierten fanden, all dies wäre vorzeitig.

Große Sensation erregte die Zulassung der russischen Bolschebikengenossenschafter zum Kongresse.

Der Kongreß ordnete noch Wahlen der Ehrenmitglieder des Internationalen Genossenschaftsbundes an. Wir wollen einige von den Personen, die zu Ehrenmitgliedern gewählt wurden, nennen: W. Maxwell, H. Wolff, O. Greening, A. Williams, E. de Boyve, L. Luzzatti,

S. Jörgensen, O. Dehli, Professor Dr. J. F. Schär und Professor B. Totomianz.

Auf dem Kongresse des Internationalen Genossenschaftsbundes in Basel wurde als Präsident, anstatt W. Maxwell, der wegen seines Alters abgesagt hatte, der Holländer G. J. Goedhart gewählt. Als Sekretär funktionierte weiter der in Glasgow gewählte Engländer Henry May.

Noch nie hatte der Internationale Genossenschaftsbund eine so große Mitgliederzahl herangezogen; er vereinigt jetzt 25 Millionen Genossenschafter. Dessenungeachtet kann seine finanzielle Lage nicht für glänzend gelten. Wenn Mittel dazu vorhanden wären, könnte die Herausgabe des Internationalen Bulletins erweitert werden; es könnten auch Jahrbücher, Statistik, Genossenschaftsbücher herausgegeben, ein großer Verlag errichtet werden, eine permanente Ausstellung der Genossenschaftsprodukte könnte stattfinden; statt eines Sekretärs, der nicht viele Sprachen kennt, könnten 3—4 für die anglo-sächsischen, deutschen, lateinischen und slawischen Länder angestellt werden. Endlich könnte eine Internationale Genossenschaftsbank und eine Internationale Großeinkaufsgesellschaft gegründet werden. Dies ist nicht schwer zu tun; das Beispiel Dänemarks, Norwegens, Schwedens und Finlands, die in Kopenhagen die Skandinavische Großeinkaufsgesellschaft gegründet haben, zeigt es uns ganz klar.

Schlußwort.

Von
R. Wilbrandt.

Zwischen der 1911 von mir gegebenen Anregung, die bis dahin vernachlässigten Konsumgenossenschaften zu untersuchen, und dem nun erfolgenden Abschluß dieser Untersuchungen liegen 13 Jahre. Zwischen Aufstellung und Durchführung des Programms liegen Krieg, Revolution, Inflation, Verarmung, Abwendung des Vereinsinteresses zu anderen Problemen: zu denen des Tages.

Wie das Herausgebervorwort zu der 1915 erschienenen ersten Publikation, der Schrift von Th. O. Cassau „über die Konsumvereinsbewegung in Großbritannien" zeigt, sind die Untersuchungen in großem Stil begonnen worden. Mein Antrag hatte die Konsumvereine als Eckstein der Sozialpolitik bezeichnet. Nach Befragung von Sachverständigen und Vorbereitung durch den dafür eingesetzten Unterausschuß war ein Arbeitsplan aufgestellt worden, der 1. die Darstellung der Konsumentenorganisation in den einzelnen Ländern, 2. eine Reihe von Monographien (bedeutende Einzelvereine, Gesetzgebung, Probleme der Bewegung) und 3. eine systematische Zusammenfassung der Ergebnisse vorsah. Eine Reihe von Gesichtspunkten sollte das Interesse der Bearbeiter auf die für die Untersuchung maßgebende Auswahl des Wesentlichen lenken.

Von alledem ist wenig verwirklicht worden. Der Krieg schnitt alle Verbindungen ab. Er ließ das Thema gleichgültig werden. Die Revolution setzte ganz andere Fragen auf die Tagesordnung. Die Vereinsfinanzen ließen nur noch in stets bescheidenerem Maße zu, was ohne Rücksicht auf Kosten hatte geplant werden können. Ausländische Mitarbeiter mußten während der Inflation auf Honorar verzichten. Ihrer Hingabe an die Sache ist es zu danken, wenn die Lücken nicht noch größer geworden sind, mit denen wir uns abfinden müssen.

Eine Reihe von wichtigen Ländern ist ausgefallen. Der Krieg hat Gefühlsgegensätze entstehen lassen, die sich nicht überbrücken ließen. Die Beschränkung auf das Notwendigste hat den Verzicht zu einem noch allgemeineren gemacht.

Die fehlenden Länder sind, um einen gewissen Ersatz zu bieten, in einer — allerdings ungedruckten, doch in der Berliner Zentralbibliothek, in der Stuttgarter Landesbibliothek und in der Tübinger Universitätsbibliothek einzusehenden — Dissertation von Wünschmann über „Die geschichtliche Entwicklung der Konsumgenossenschaftsbewegung in Belgien, Italien, Dänemark, Schweden usw." wenigstens statistisch behandelt worden, so daß immerhin das verstreute Zahlenmaterial bereinigt wurde. Das gleichfalls (in zweiter Auflage) neubearbeitete Werk von Totomianz, „Theorie, Geschichte und Praxis der Konsumentenorganisation" (Berlin 1923) bietet einen umfassenden internationalen Überblick auf Grund eines unter den Zeitgenossen wohl einzig dastehenden Genossenschaftswanderlebens. Desselben Verfassers „Grundlagen des Genossenschaftswesens" (Bd. I der internationalen Genossenschaftsbücherei, gleichfalls 1923), die gekürzte Fassung von Vorlesungen in Rom und in Prag, bietet eine Quintessenz dar. Kulemanns „Genossenschaftsbewegung" (Berlin 1922), wie die „Grundlagen" von Totomianz sich auf die Genossenschaften aller Art erstreckend, ist in ihrem ersten Band, dem geschichtlichen Teil, eine Darstellung der Entwicklung in allen Kulturländern sowie der internationalen Beziehungen. Die von Totomianz veröffentlichte Anthologie des Genossenschaftswesens endlich (Berlin 1922) führt in die Denkart führender Genossenschafter aller Länder ein. Alles das sei erwähnt zur Ausfüllung der notgedrungen vom Verein für Sozialpolitik belassenen Lücken in einzelnen Ländern.

Unter den vom Verein für Sozialpolitik geplanten Monographien fehlt vor allem die von Professor Eulenburg angeregte: Preisgestaltung, Unkosten und Rentabilität bei Konsumvereinen und Detailgeschäften. Ein Bearbeiter fand sich nicht. Als Ersatz mag dienen, was zu ersehen ist aus der Untersuchung von Professor Schär: „Konsumverein und Warenhaus" (im Archiv für Sozialwissenschaft und Sozialpolitik, Bd. 31 und 32) sowie aus den allerdings nicht durchweg gedruckten Dissertationen von Hugo Kramer, „Kleinhandel und Konsumvereine" (Reutlingen 1912), von Edgar Hentschel, „Groß- und Kleinbetrieb im Detailhandel unter besonderer Berücksichtigung der Konsumvereine", und von Friedrich Kilian, „Industrie, Großhandel und Konsumgenossenschaften in ihrem neueren wirtschaftlichen Zusammenhang".

Auf die systematische Zusammenfassung wurde verzichtet. Was

der Herausgeber und Antragsteller Zusammenfassendes zu sagen hatte, ist von ihm an mehreren Stellen ausgesprochen worden. Ich habe 1. auf dem Evangelisch-sozialen Kongreß 1913 über die Bedeutung der Konsumgenossenschaften gesprochen, 2. diese im Protokoll des Kongresses sowie als Sonderausgabe im Buchhandel (Verlag Vandenhoek & Ruprecht, Göttingen) erhältliche kurze Zusammenfassung in mein Buch „Sozialismus" aufgenommen und daselbst durch Eingehen auf die inneren Schwierigkeiten der Bewegung ergänzt, 3. einen Entwurf älteren Datums, der gleichfalls die Stellungnahme des Verfassers hervortreten läßt, 1922 unter dem Titel: „Konsumgenossenschaften" (Verlag Moritz, Stuttgart) veröffentlicht, 4. den Versuch rein objektiver Zusammenfassung im „Grundriß der Sozialökonomik" (Verlag Mohr, Tübingen, im Erscheinen begriffen) unternommen, so daß ich die daselbst unter dem Titel „Kapitalismus und Konsumenten" versuchte Zusammenfassung auch der vom Verein für Sozialpolitik gewonnenen Ergebnisse an Stelle der im Interesse der Vereinsfinanzen gestrichenen gelten zu lassen bitten kann, und endlich 5. in meine für den Verlag Quelle & Meyer geschriebene Übersicht „Die Entwicklung des Sozialismus" (erscheint 1925) eine kurze Quintessenz vor allem derjenigen Probleme hineingearbeitet, die sich auf Sozialismus und Arbeiterfrage beziehen und in der erreichten Form der Konsumgenossenschaften noch ungelöst sind.

Über den genannten, durch meine Hinweise auf sonstige Literatur gemilderten Lücken sei nicht vergessen, was dem nach Krieg und Revolution vor allem durch die Not verschärften Interesse für Konsumentensorgen immerhin durch unsere Untersuchungen geboten worden ist. Die Schrift von Cassau über die Konsumgenossenschaftsbewegung in Großbritannien ist anerkannt worden. Sie geht nüchtern und kritisch vor. In die Konsumvereinsbetriebe wird privatwirtschaftlich hineingeleuchtet. Eine Fundgrube von Wissenswertem ist diese Schrift, deren Grundlage, ein Studienaufenthalt von vielen Monaten an den Quellen, vom Verein für Sozialpolitik ermöglicht worden war.

Die altbewährte Methode der Webbs und der Schmollerschen Schule hat auch der Schrift von Totomianz über die Konsumvereine in Rußland zugrunde gelegen. Dieses interessanteste, umstrittenste Land ist von dem Manne behandelt worden, der in 25 Jahren rastloser Tätigkeit als Pionier der Genossenschaftsbewegung das Seine getan hat, um einer nur auf den Klassenkampf eingestellten Theorie die erfolgreiche Gemeinwirtschaft der Konsumvereine entgegenzustellen, als Werk nicht nur des Proletariats, sondern auch der Bauern.

Dieser Schrift, deren Quintessenz vom Herausgeber im Vorwort herausgehoben wurde, folgte ein Sammelheft über Holland, Japan, Österreich und die Schweiz. Die beiden ersten Länder zeigen, wie das älteste, klassische Land des Kapitalismus und das jüngste, kaum von ihm eroberte im fernen Osten übereinstimmen in der Erscheinung, daß vor allem Beamte zuweilen die Seele der Sache sind, bevor das Proletariat sich zu „Arbeiterkonsumvereinen" aufrafft. Die beiden zweitgenannten Länder offenbaren Entwicklungsbedingungen höherer Stufe. Solidität und wirtschaftliche Autonomie, im Gegensatz zu undurchsichtiger Verflochtenheit mit fremdartigen Gebilden und Interessen, wie sie die österreichische Bewegung charakterisiert, sind Bedingung sicheren Aufbaues. Doch genügt das nicht. Außer Solidität muß Solidarität die Grundlage sein. Die Schweiz offenbart die Gefahr der gerade mit der Konzentration (große Vereine, Bezirkskonsumvereine) wachsenden Entfremdung der Mitglieder von der gemeinsamen Sache; kleine Zirkel, Hilfe der Pädagogik, Züchtung der Solidarität in einer Siedlungsgenossenschaft (Freidorf bei Basel) treten uns als Abhilfsversuche entgegen.

Ein eben erschienener vierter Teil, wieder aus der bewährten Feder von Th. O. Cassau, führt uns nach Deutschland. Wir erhoffen für diese zweite Säule der Publikation dasselbe Urteil wie für die demselben Autor zu verdankende erste: „Die Konsumvereinsbewegung in Großbritannien".

Das fünfte Heft endlich, das hier vorliegt, läßt uns Charles Gide danken für sein mutiges Bekenntnis allgemein menschlicher wie genossenschaftlicher Solidarität, nicht überraschend freilich für den, der Gide kennt als einen der wenigen, auch gegen das eigene Volk unerschrockenen Wahrheitsbekenner; und es läßt uns ihm danken für die lehrreiche Geschichte der Neutralisierung und dadurch Vereinigung einer bis dahin durch Spaltung geschädigten Bewegung. Die Darstellung der Vereinigten Staaten, aus der Feder ihres Genossenschaftsführers Warbasse, überrascht durch die Fülle von Ansätzen in diesem scheinbar rein kapitalistischen, rein individualistischen Lande; nicht mehr das „Land der unbegrenzten Möglichkeiten", nicht mehr das durch Menschenmangel die Lage der Arbeiterschaft hebende Kolonialland, sondern ein als Produzent und Konsument mehr und mehr abhängig werdendes

100-Millionen-Volk äußert sich darin. Die nun auch hier sich bestätigende Internationalität der Bewegung endlich, im Internationalen Genossenschaftsbund verkörpert wie in seinem ihn hier kurz darstellenden Ehrenmitglied Totomianz, klingt in dem Wunsch nach einer auch wirtschaftlich wirksamen Internationale aus. Der Bund ist bisher die Vereinigung der 25 Millionen Konsumgenossenschafter durch das gemeinsame Bekenntnis zu den redlichen Pionieren von Rochdale. Damit schließt sich der Ring. Wir werden zurückgeführt zu dem Ausgangspunkt: Großbritannien.

Eine Fülle von Tatsachen — hier nur kurz andeutbar, in allen wichtigen Einzelheiten der Lektüre zu überlassen — ist dargeboten. Möge sie benutzt werden! Mehr als bisher! Es sollte unmöglich werden, daß ein Mann der Wissenschaft, Kapitalismus und Sozialismus dadurch in ihren Aussichten abwägend, die angebliche Unmöglichkeit der Konsumgenossenschaftsproduktion in den — durch Absatzunsicherheit schwierigen — Modeindustrien seiner Deduktion zugrunde legt, während schon Cassaus 1915 erschienene Schrift dem Theoretiker hätte zeigen können, wie die Wirklichkeit aussieht. Es sollte unmöglich werden, daß ein ganzes Werk die Gemeinwirtschaft theoretisch zu vernichten sucht, ohne die einzige erprobte, vor unseren Augen hier neu und frei emporsteigende Gemeinwirtschaft auch nur zu erwähnen: die der Konsumgenossenschaften.

Unwissenheit auf diesem Gebiet sollte aufhören, zum guten Ton zu gehören. Konservative und liberale Parteibrille sollten aufhören, für die hier vom Verein für Sozialpolitik behandelten Tatsachen undurchsichtig zu sein. Es gibt eine Wahrheitspflicht auch gegenüber dieser immerhin vorhandenen Gemeinwirtschaft großer Massen aus allen Schichten in allen Ländern.

Ein unvergeßlicher, ehrwürdiger Mann hat ein Beispiel gegeben: Exzellenz Thiel, neben den ich als Herausgeber treten durfte; jener wundervolle Charakterkopf aus einer wirklich guten alten Zeit hatte Raum auch für Tatsachen neuen Werdens. Nicht minder aber danke ich auch meinem Mitherausgeber und Kollegen Professor Fuchs, der nun an Thiels Stelle die vor kurzem noch so fremde Welt des Genossenschaftssozialismus erschließen half. Wie Thiel die Sammlung von Monographien über die ländlichen Einkaufsvereinigungen, so hat Fuchs als Herausgeber die Bittelsche Schrift über Eduard Pfeiffer beigesteuert; zwei Hefte, die den umfassenden Charakter unseres Objektes

4**

bekunden: alle Berufe, auch die Landwirte, bedienen sich der Konsumentenorganisation, des gemeinsamen Bezugs, so zeigt die erste, und alle Klassen, alle Parteien lassen sich darin vereinen, so zeigt die zweite, wenn man, wie Eduard Pfeiffer hier im Südwesten, keine Klassenbewegung entfacht, sondern eine allgemeine, die auf um so breiterer Grundlage um so mehr erreichen kann. Ebenso wie das Genossenschaftsrecht, in einer dritten Monographie durch Waldeckers internationale Übersicht dargestellt, kein Klassenprodukt ist.

Und doch — mit diesem Hinweis möchte ich schließen — hat meines Schülers Reinhard Weber ausgezeichnete Schrift „Konsumgenossenschaften und Klassenkampf" den Beweis erbracht, daß in einem tieferen und, wie ich betonen möchte, weit umfassenderen Sinne als dem üblichen auch hier ein Klassenkampf vorliegt: der Kampf all der so verschiedenen, doch vom Kapitalismus sämtlich mehr oder minder leidenden, darum der Interessenlage nach antikapitalistischen Klassen, die wir in den Konsumgenossenschaften mehr oder minder stark (länderweise!) vertreten finden, der Arbeiter, Angestellten, Beamten, Bauern (abgesehen von der Zwitterstellung mancher Kleinbürger); ein Kampf, der aber mit Recht als „exstruktiver Klassenkampf" dem meist allein geübten destruktiven entgegengesetzt wird. Im Sinne dieses — oft unbewußt bleibenden — Gegensatzes zum Kapitalismus ist unser Objekt seiner immanenten Tendenz, seiner Struktur nach stets sozialistisch. Es begründet einen vom Kapitalismus unabhängig machenden Aufbau. Darum nannte ich es den Eckstein der Sozialpolitik.

Printed by Libri Plureos GmbH
in Hamburg, Germany